AF313802

VILLE D'ARRAS (Pas-de-Calais)

VENTE AUX ENCHERES PUBLIQUES

DE LA

COLLECTION

DES

OBJETS D'ART ANCIENS

provenant de Madame Macqueron-Larangot

COMPRENANT :

FAIENCES & PORCELAINES ANCIENNES

des Fabriques de Rouen, Strasbourg, Nevers, Delft, Lunéville,
Sceaux et autres. — Chine, Japon, Sèvres, Lille, Arras, etc.

TABLEAUX ANCIENS DE DIVERSES ÉCOLES

Miniatures — Objets de vitrine
Bronzes d'art et d'ameublement — Sculptures — Albatres
Ivoires — Bois sculptés anciens — Armes
Tapisseries anciennes — Meubles sculptés et marquetés
Objets divers.

DONT LA VENTE AURA LIEU A ARRAS

EN L'HOTEL DES VENTES

Rue Émile-Legrelle, 20 (Anciennement Rue des Trois-Faucilles)

Le LUNDI 5 MARS 1900 et jours suivants

Par le Ministère de MM. HENRY et JUDE, Commissaires-Priseurs

Assistés de M. GANDOUIN Père, Expert à Paris

40, Avenue Wagram et Hôtel de l'Univers, à Arras

CHEZ LESQUELS LE CATALOGUE SE DISTRIBUE

Exposition publique : le Dimanche 4 Mars 1900, de 2 à 5 heures.
Exposition particulière : les 2 et 3 Mars 1900, de 2 à 5 heures.

Arras. — Imp. Schoutheer Frères, rue des Trois-Visages. 53.

VILLE D'ARRAS (Pas-de-Calais)

VENTE AUX ENCHERES PUBLIQUES

DE LA

COLLECTION

DES

OBJETS D'ART ANCIENS

provenant de Madame Macqueron-Larangot

COMPRENANT :

FAIENCES & PORCELAINES ANCIENNES

des Fabriques de Rouen, Strasbourg, Nevers, Delft, Lunéville,
Sceaux et autres. — Chine. Japon, Sèvres, Lille, Arras, etc.

TABLEAUX ANCIENS DE DIVERSES ÉCOLES

Miniatures — Objets de vitrine
Bronzes d'art et d'ameublement — Sculptures — Albatres
Ivoires — Bois sculptés anciens — Armes
Tapisseries anciennes — Meubles sculptés et marquetés
Objets divers.

DONT LA VENTE AURA LIEU A ARRAS

EN L'HOTEL DES VENTES

Rue Émile-Legrelle, 20 (Anciennement Rue des Trois-Faucilles)

Le LUNDI 5 MARS 1900 et jours suivants

Par le Ministère de MM. HENRY et JUDE, Commissaires-Priseurs

Assistés de M. GANDOUIN Père, Expert à Paris

40, Avenue Wagram et Hôtel de l'Univers, à Arras

CHEZ LESQUELS LE CATALOGUE SE DISTRIBUE

Exposition publique : le Dimanche 4 Mars 1900, de 2 à 5 heures.
Exposition particulière : les 2 et 3 Mars 1900, de 2 à 5 heures.

ORDRE DES VACATIONS

<table>
<tr><td></td><td></td><td>Numéros.</td></tr>
<tr><td>Lundi 5 Mars. —</td><td>2 heures. — Faïences. . . .</td><td>1 à 155</td></tr>
<tr><td>Mardi 6 Mars. —</td><td>10 heures à midi. — Faïences.</td><td>156 à 250</td></tr>
<tr><td></td><td>2 heures. — Faïences — Porcelaines . . . .</td><td>251 à 400</td></tr>
<tr><td>Mercredi 7 Mars. —</td><td>10 heures à midi. — Porcelaines — Statuettes. . . . . .</td><td>401 à 487</td></tr>
<tr><td></td><td>2 heures. — Verrerie — Emaux — Objets de vitrine — Miniatures . . . .</td><td>488 à 620</td></tr>
<tr><td>Jeudi 8 Mars. —</td><td>2 heures. — Tableaux — Objets divers — Bronzes et Armes .</td><td>621 à 735</td></tr>
<tr><td>Vendredi 9 Mars. —</td><td>2 heures. — Sculptures — Bois sculptés — Tapisseries — Guipures . . . .</td><td>736 à 815</td></tr>
</table>

Nota. — L'ordre numérique du catalogue ne sera suivi à aucune vacation.

———— ◁•▷ ————

CONDITIONS DE LA VENTE

Elle aura lieu au comptant.

Les acquéreurs paieront 10 % en sus des adjudications, applicables aux frais.

L'Exposition ayant mis les acquéreurs à même de se rendre compte de la nature et de l'état des objets, il ne sera admis aucune réclamation une fois l'adjudication prononcée.

L'Expert chargé de la vente se réserve la faculté de réunir et de diviser les lots.

Les personnes qui ne pourraient assister à la vente peuvent lui adresser leurs ordres et commissions.

DÉSIGNATION DES OBJETS

FAIENCES

1. **Rouen**. Pichet décor polychrome rayonnant, avec figure patronymique : *Saint Arnould, P. P. N.* et le nom de : Castianne Verfleux, 1747.

   Exposition rétrospective de Lille de 1874, n° 695.

2. **Rouen**. Assiette, remarquable, décor Chinois, personnages polychromes.

   Très beau marli à caissons alternés, fleurs et chrysanthèmes. Bel échantillon, reproduit dans l'ouvrage de Ris-Paquot.

3. **Rouen**. Cache-pot, riche décor rayonnant, très fin bleu et rouille.

   Pièce d'une remarquable finesse reproduite dans l'ouvrage de Ris-Paquot (fracture au socle).

4. **Rouen**. Aiguière forme casque, riche décor bleu, flamboyant, très fin ; le bec orné d'un masque barbu (anse réparée).

   Pièce reproduite dans l'ouvrage de Ris-Paquot.

   — Autre aiguière analogue à la précédente (pied réparé).

5. **Rouen**. Pichet de forme ventrue, décor polychrome à cinq tons avec figure de saint François aux stigmates : « *François Bellemère*, 1736 » (Anse et bec réparés).

6. **Rouen** ou **Sinceny**. Pichet de forme ovoïde avec quatre renflements réticules, décor polychrome, forme rare : *Anne Pasdelous femme de Robert Durand*, 1777 (Félures).

   Pièce reproduite dans l'ouvrage de Ris-Paquot.

7. **Rouen**. Epoque Louis XIV. Paire de cache-pots, décor bleu à lambrequins.

8. **Rouen**. Soupière polychrome à la corne tronquée, signée de D. (*Dien*).

   Bonne qualité.

9. **Rouen**. Bannette octogone, remarquable décor chinois, polychrome excessivement rare : *femme dansant et instrumentistes*.

   Pièce reproduite dans l'ouvrage de Ris-Paquot.

10. **Rouen**. Plat à barbe, décor polychrome à la corne, signé : 3 (Bel émail).

11. **Rouen**. Saladier ovale, décor polychrome, corbeille de fleurs et marli. Signé : B. D.

12. **Rouen**. Saladier ovale, décor bleu aux armes du cardinal duc de Luynes.

13. **Rouen**. Epoque Louis XIV. Petite aiguière forme casque, décor polychrome, bec avec masque barbu.

14. **Rouen**. Pichet à surface bleue avec imbrications blanches polychromées, fleurs, bouquets et zones ornemanées (Anse réparée).

    Pièce reproduite dans l'ouvrage de Ris-Paquot.

15. **Rouen**. Grand plat rond festonné, décor polychrome dit *aux pagodes*; le marli imitation de cachemire avec fleurs. Signé : G. B. (*Guillibaud*).

16. **Rouen**. Plat rond, décor bleu et rouille, flamboyant (Felé).

17. **Rouen**. Très belle soupière ronde, décor polychrome à fleurs, riche marli à fond vermicellé. Signé G. D. (*Dien*).

18, **Rouen**. Saladier rond, bords festonnés, décor polychrome à la corne (Bel émail).

    Belle qualité.

19. **Rouen**. Plateau octogone, décor bleu rouille et ocre, rose rayonnante au centre avec draperie, marli à lambrequins, fleurs bleues et rouille.

Echantillon rare.

20. **Rouen**. Autre plateau octogone. décor bleu et ocre, au centre corbeille de fleurs, marli à lambrequins et vases de fleurs. Bel émail (Fêlé).

21. **Rouen**. Moutardier, décor polychrome, fleurs et tulipes.

22. **Rouen** Deux burettes, décor bleu rayonnant.

23. **Rouen**. Deux soucoupes, fleurs, décor polychrome.

24. **Rouen**. Petit plateau rond, décor bleu rayonnant.

25. **Rouen**. Deux assiettes, riche décor polychrome à cinq tons, corbeilles de fleurs, très beau marli à guirlandes et caissons tréflés ornés de cachemire.

26. **Rouen**. Moutardier, décor polychrome. fleurs ; belle qualité, monture ancienne, étain (Fêlé).

27. **Rouen**, Compotier à bords festonnés, décor polychrome, bouquets de fleurs et tulipe. Signé : G. D. (*Dieu*).

28. **Rouen**. Deux assiettes, décor polychrome à la corne.

29. **Rouen**. Assiette. beau décor polychrome à rocailles et vase de fleurs. Belle qualité, rare. Signé : V.

30. **Rouen** Deux assiettes, décor bleu et rouille, rosaces et marli à lambrequins. Signée : B. 3 F.

31. **Rouen**. Epoque rayonnante. Coupe octogone à piédouche, très beau décor bleu et rouille, large marli à dessins de cachemire.

32. **Rouen**. Saladier rond, décor polychrome au char-
don avec perroquet ; très belle qualité.

33. **Rouen**. Epoque Louis XIV. plat octogone, décor
bleu.

34. **Rouen**. Plat octogone, décor bleu rouille et ocre,
corbeilles de fleurs, marli à lambrequins et
coquilles.

Très belle qualité.

35. **Rouen**. Epoque Louis XIV. Plat octogone, décor
bleu, rouge et ocre ; corbeilles de fleurs, marli
à lambrequins et réserves ornés de cachemire.

36. **Rouen**. Compotier polychrome, fleurs, marli à
dessins. Signé : G G. (*Guillibaud*).

37. **Rouen**. Compotier rond à bords festonnés, décor
polychrome au carquois, marli cachemire et
fleurs.

38. **Rouen**. Assiette, décor polychrome dit au dragon, marli à bouquets de fleur.

Très belle qualité.

39. **Rouen**. Assiette, décor polychrome de goût chinois, paysage et personnages dont un cavalier
à qui une femme présente un enfant tenant
un grand écran à la main et à droite mère de
famille avec trois enfants.

Reproduite dans l'ouvrage de Ris-Paquot.
A figurée a l'Exposition rétrospective de Lille 1874.

40. **Rouen**. Compotier, bords festonnés, décor polychrome à la haie, marli à fond vermicellé
(Félures).

41. **Rouen**. Assiette décor bleu et ocre, corbeilles
de fleurs, marli à lambrequins et guirlandes
(Félée).

42. **Rouen** Coupe ronde, décor polychrome de goût
chinois, personnages sur une terrasse, marli

vermicellé rouge avec réserves à paysages bleus.

Reproduit dans l'ouvrage de Ris-Paquot.

43. **Rouen.** Compotier, décor polychrome dit aux grenades, arbre chargé de fleurs et de fruits. Signé : M. D. (*Marie Dien*).

44. **Rouen.** Assiette, même décor et même signature que le précédent.

45. **Rouen.** Deux compotiers, décor polychrome à lotus et grenades, marli à fond vermicellé.

46. **Rouen.** Paire de compotiers, décor polychrome dit aux perdrix.

Très belle qualité. Les deux d'un très bel émail.

47 **Rouen.** Paire de compotiers, décor polychrome à la corne.

48. **Rouen.** Paire de plats octogones, décor polychrome à la pagode, marli cachemire et crevettes.

49. **Rouen.** Plat octogone, décor bleu rayonnant.

50. **Rouen.** Paire de compotiers, décor polychrome à la corne. Signé X.

51. **Rouen.** Cuvette octogone, décor polychrome, fleurs.

52. **Rouen.** Pichet, décor polychrome à la corne ; monture ancienne étain.

Très bel émail, belle qualité.

53. **Rouen.** Pichet, décor polychrome, corbeille de fleurs et oiseau (Félé).

Très belle qualité.

54. **Rouen.** Deux soucoupes, décor bleu et rouille, fleurs.

55. **Rouen.** Deux soucoupes, décor polychrome à la corne.

56. **Rouen**. Soucoupe, décor polychrome rocaille et vase de fleurs. Signé G. D. (*Dien*).

57. **Rouen**. Soucoupe, décor polychrome à la corne portant le nom : *Geneviève Laroche 1771* Au revers : *morte en décembre 1781*.

Pièce très rare.

58. **Rouen**. Deux soucoupes, décor polychrome, fleurs.

59. **Rouen**. Epoque Louis XIV. Quatre soucoupes, décor bleu.

60. **Rouen** Quatre soucoupes, décor polychrome, fleurs.

61. **Rouen**. Bannette à bords festonnés et anses relevées, décor polychrome à rocaille, vases de fleurs et tulipe. Signé : G. G. (*Guillibaud*).

Très belle qualité.

62. **Rouen**. Bannette octogonale, décor polychrome, pagode, marli, cachemire et réserves de fleurs.

63. **Rouen**. Bannette octogonale, décor polychrome, exécution très fine, marli à cachemire et réserves de fleurs.

64. **Rouen**. Bannette à bords festonnés et anses relevées, décor polychrome au carquois, marli à fond cachemire rouge. Signée : M. V.

65. **Rouen**. Deux grands plats ronds festonnés, décor dit à la double corne. Diamètre : 0ᵐ38 (un fêlé).

Très belle qualité.

66. **Rouen**. Plat rond creux, décor bleu et rocaille, rayonnant, bouquets de fleurs, lambrequins et guirlandes. Diamètre : 0ᵐ38.

67. **Rouen**. Bannette octogonale, décor polychrome dit de modèles (meubles divers), style chinois.

Belle qualité. Echantillon très rare.

68. **Rouen**. Bannette octogonale, décor polychrome, corbeille de fleurs, marli à fond bleu.

69. **Rouen**. Bannette de forme contournée, anses relevées serpents, décor bleu et manganèse, bouquets de fleurs. Signé : M. D. (*Dien*).

70. **Rouen**. Bannette, forme contournée, anses relevées serpents, décor polychrome, bouquets de fleurs dont un à tulipe. Signé : G. D. (*Dien*).

71. **Rouen**. Bannette ovale à anses relevées, décor polychrome dit à la double corne.

72. **Rouen**. Bannette, décor polychrome à la corne. Signée : H. G.

73. **Rouen**. Pichet forme ovoïde, décor polychrome, fleurs, guirlandes cachemire, monture ancienne étain avec nom : *Pierre Petit 1751*.

74. **Rouen**. Porte burettes avec masques aux extrémités, décor polychrome à la pagode et dessins de cachemire à réserves de fleurs.

75. **Rouen**. Paire de jardinières à accrocher, forme contournée, décor polychrome à la corne.
Belle qualité.

76. **Rouen**. Paire de jardinières à accrocher à pans coupés, décor polychrome, fleurs et papillons (une fêlée).

77. **Rouen**. Jardinière à accrocher, décor polychrome à la corne.
Très belle qualité.

78. **Rouen**. Jardinière à accrocher à pans coupés, décor polychrome à la corne (Fêlure).

79. **Rouen**. Epoque Louis XIV. Bouteille forme bursaire octogonale, décor alterné de bleu sur blanc et blanc sur bleu.
Echantillon très rare.

80. **Rouen**. Epoque Louis XIV. Bouteille de forme ovalaire à pans, beau décor bleu.

81. **Rouen**. Burette, beau décor bleu à lambrequins, surface godronnée.
Belle qualité.

82. **Rouen**. Petite jardinière à accrocher, décor polychrome fleurs, signée D. (*Dien*) (Félures).

83. **Rouen** Huilier porte-burettes, décor polychrome à cinq tons, guirlandes, dessins de ferronnerie, crevettes et masques de lions. Signé G. (*Guillibaud*).

84. **Rouen**. Aiguière forme casque, décor polychrome à la corne, bec à masque barbu (Réparée).

85. **Rouen**. Huilier porte-burettes à masques de femme, décor polychrome, fleurs, papillons.
Très belle qualité.

86. **Rouen**. Huilier porte-burettes, décor bleu, style rayonnant, masque de lion à poignées (un pied réparé).
Très belles qualité et finesse.

87. **Rouen**. Paire de burettes, décor polychrome, fleurs et oiseaux, monture ancienne, étain.

88. **Rouen**. Trois burettes, une décor polychrome, pagode, et deux à décor bleu, style rayonnant.

89. **Rouen**. Petite bouteille, surface côtelée, décor bleu à lambrequins.

90. **Rouen**. Pichet, décor polychrome à la corne, monture ancienne, étain.
Très belle qualité.

91. **Rouen** Pichet analogue au précédent, monture ancienne (Félé)

92. **Rouen**. Grand plat rond, décor polychrome plein, paysage et personnages chinois (Félé). Diamètre : 0^{m}45.
Très belle qualité.

93. **Rouen**. Plat ovale, décor bleu arabesque, collier
de fleurs, marli à lambrequins. Signé : V. L.
P. 3 B.

94. **Rouen**. Saucière, décor bleu et rouille, style
rayonnant, au centre Amour debout, marli à
lambrequins et réserves de cachemire (Anses
fracturées).
Reproduite dans l'ouvrage de Ris-Paquot.

95. **Rouen**. Saucière, décor bleu rouille et ocre, style
rayonnant, très fin, corbeilles de fleurs, lambrequins et réserves de cachemire.

96. **Rouen**. Saucière, décor polychrome, œillets et
papillons.
Belle qualité.

97. **Rouen**. Epoque Louis XIV. Saucière, décor bleu
et rouille, marli à galons. Signée : V.

98. **Rouen**. Saucière, décor rayonnant bleu rouille et
ocre (Réparée).

99. **Rouen**. Boîte à épices, décor polychrome, fleurs
(Réparée).
Petit cachepot, décor polychrome (Fracturé).

100. **Rouen**. Porte-burettes, décor bleu et rouille.

101. **Rouen**. Deux plats ronds, bords festonnés, décor
polychrome à la double corne.

102. **Rouen**. Plat rond creux, bleu et rouille, bouquets, fleurs, lambrequins et guirlandes, style
rayonnant (Fêlé).

103. **Rouen**. Plat rond creux, décor style chinois dit
de modèles (meuble). Diamètre : 0^{m}35.
Echantillon rare.

104. **Rouen**. Plat rond creux, décor analogue au précédent, au centre vase avec fleurs. Diamètre :
0^{m}39.
Echantillon rare.

105. **Rouen.** Paire de seaux cache-pots, décor polychrome à la corne et fleurs. Signés : H. N.
ou H. V.

106. **Rouen.** Cache-pot, décor polychrome à la corne,
chardons et fleurs au revers.

107. **Rouen.** Paire de cache-pots, forme Médicis, à
anses torsées, décor polychrome à guirlandes
de fleurs (un félé et fond percé).

108. **Rouen.** Paire de petits lions assis sur terrasses,
polychromées vert, crinières polychromées
jaune et bleues. Hauteur : 0^{m}19.

109. **Rouen** ? Gourde biberon, forme tonneau, avec la
devise « à boire du vin, 1751 ».

110. **Rouen.** Sucrier couvert, décor polychrome à la
pagode. Signé : N. (Couvercle félé).

111. **Rouen.** Assiette, décor polychrome plein, amphitrite.

> Pièce rarissime que nous croyons unique. Diamètre : 0^{m}25.
> Monture bronze moderne
> Reproduite dans l'ouvrage de Ris-Paquot.

112. **Rouen.** Coupe ovoïde, décor bleu, d'une exécution remarquable avec grande rosace au centre et arabesques, marli à lambrequins. Extérieur de même à grands lambrequins et masques de lions en relief. Signée : A. K.

> Très belle qualité.

113. **Rouen.** Plat oblong, decor polychrome à la double corne (Fracturé). Signé en toute lettre :
Diane.

114. **Rouen.** Huilier porte burettes, décor polychrome, fleurs et arabesques avec masques de
femmes.

115. **Rouen.** Bannette, anses rognées, oblongue,
octogonale, décor polychrome à cinq tons,

corbeille de fleurs, marli avec arabesques guirlandes de fleurs et dessins de cachemire. Monture en bronze moderne.

116. **Rouen**. Fontaine à accrocher et sa vasque. La fontaine couverte avec dosseret à dauphins, décor polychrome ; robinet ancien étain (Couvercle et vasque félés).

117. **Rouen**. Vasque de fontaine à accrocher, décor polychrome, style rayonnant.

118. **Rouen**. Epoque Louis XIV. Encrier à double récipient, l'un formant coffret et l'autre à tiroir, décor bleu style rayonnant (Felure, tiroir réparé).

119. **Rouen**. Epoque Louis XIV. Boîte à épices, décor bleu à rubans.

120. **Rouen**. Jardinière rectangulaire, contournée, décor polychrome, bouquets roses et tulipe.

121. **Rouen**. Deux bustes : *Apollon et Diane*, décor blanc, bleu et ocre ; socles de ces mêmes couleurs alternées Hauteur : 0^{m}35.

122. **Rouen**. Groupe : *Education de la Vierge*, polychromé. Hauteur : 0^{m}84, socle compris.

> « Ce remarquable groupe représentant saint Anne montrant
> « à la Vierge, enfant, un livre chargé d'inscriptions et placé
> « sur un socle mobile de décor polychrome portant sur un
> « cartouche l'inscription : S. T. E. ANNE, P. P. N.
> Exposition de Lille 1874, n° 815.

123. **Rouen**. Fontaine perpendiculaire à pans coupés octogonaux, masques de femme, godrons, robinet, surmonté d'une fleur de lys, décor rayonnant (Au couvercle bouton manquant ; couvercle et pied réparés).

124. **Rouen**. Potiche, forme balustre, octogonale à pans coupés, décor bleu rayonnant et à lambrequins. Hauteur : 0^{m}35,

125. **Rouen**. Fontaine perpendiculaire, octogonale, couverte, à bouquets alternés bleu sur blanc et blanc sur bleu ; robinet surmonté d'une fleur de lys alterné de même (Couvercle et base réparés).

126. **Rouen** ou **Nevers**. Aiguière forme balustre à anse et bec relevés, à pans hexagonàux (Réparations).

    « Ris-Paquot dans son ouvrage désigne cette pièce comme
« étant des fabriques de Rouen et la reproduit ainsi. Elle est
« de forme nivernaise, l'anse étant torsée et perpendiculaire
« ainsi que le bec.
    « La maigreur du décor nous la fait croire des fabriques de
« Nevers.

127. **Rouen**. Salière hexagonale, décor bleu, rayonnant (Manque d'émail).

128. **Rouen**. Grand plat ovale, style rayonnant, décor bleu ; au centre, rosace avec écureuils, collier ; marli à lambrequins (Réparé).

129. **Lille**. Plat oblong, octogonal, décor bleu, style rouennais rayonnant ; au centre un semis de quatre feuilles, entouré de réserves ornées de lambrequins et arabesques ; le marli orné d'un ruban (Fêlure).

130. **Lille**. Petite soupière couverte, ovale, à quatre pieds formés de lions ; anses à bustes de femme, décor bleu à caissons alternés, fleurs et damiers. Signée : V. H. V. I.

    Très belle qualité.
    « La propriétaire de la collection croit que cette pièce est
« sortie des fabriques de Valenciennes. »

131. **Lille**. Epoque Louis XIV. Bannette rectangulaire décor bleu, rosaces, entrelacs et collier ; écoincons, anses torsées.

    Très belle qualité.

132. **Lille**. Assiette, décor de goût rouennais à lambrequins, armoiries au centre, couronne comtale portant « Griffe d'aigle arrachée avec deux feuilles en chef ».

133. **Lille**. Deux assiettes, décor bleu et rouille, au centre rosace de fleurs, marli fond bleu, soleil en ocre.

134. **Lille**. Plat rond, décor bleu : *Génie de la religion sur char à quatre chevaux.*

EXPOSITION DE LILLE, 1874.

135. **Nevers**. Paire de grandes bouteilles, forme ovoïde allongée, décor bleu, chantourné, fleurs, oiseaux ; au col lambrequins. Hauteur : 0ᵐ52 (Une réparée au col).

136. **Nevers**. Potiche forme balustre renversé, rocher, fleurs et oiseaux ; décor bleu chantourné.

137. **Nevers**. Assiette à bord contourné, *joueurs de paume avec loge et spectateurs*. Noms patronymique. *Carrée, 1757.*

138. **Nevers**. Paire de seaux cache-pots, forme évasée avec masques féminins ; décor bleu, paysage.

139. **Nevers**. Epoque Régence. Ptat, décor vert de cuivre et ocre, personnages, vases ; marli bleu. Signé B

140. **Nevers**. Grande jardinière ou bain de pieds. décor bleu, paysage (Une anse fracturée).

141. **Nevers**. Epoque des Conrad. Salière, décor bleu et manganèse, paysages et fleurs.

142. **Nevers**. Epoque Louis XIV. Salière, décor bleu et ocre, angles ornés d'anges ailés, côtés réticulés.

143. **Nevers**. Pigeon dit : *appelant* ; décor bleu et jaune ; sur la poitrine, un cœur ; date 1782.

144. **Nevers**. Vase cache-pot, décor bleu, style chinois, personnages, anses torsées.

145. **Nevers**. Deux sabots, forme chaussure, décor bleu et ocre.

146. **Nevers**. Saucière avec Vénus en relief, décor
bleu et jaune.

147. **Nevers**. Jardinière ou bouquetière, fond bleu à
imbrications blanches, anses doubles formées
par des serpents.

148. **Nevers**. Assiette bleu empois, imbrications blanches et jaunes, bouquets de fleurs au centre
et au marli.

149. **Nevers**. Deux assiettes, bleu empois avec imbrications blanches, bouquet de fleurs et mou-
ches.

150. **Nevers**. Première République. Assiette avec
cage : *Vive la Liberté*.

151. **Nevers**. Assiette. Coq sur un canon : Veille sur
la Nation.

152. **Nevers**. Assiette aux trois ordres. Couronne de
France et fleurs de lys. Lettres F. T.

153. **Nevers**. Assiette aux trois ordres avec légende
sur ruban « *Tres in uno — vis unita fortior
1790* » (Fracture).

154. **Nevers**. Assiette, *Siège de la Bastille*. Deux ca-
nons.

155. **Nevers**. Assiette, décor bleu et rouille, style chinois personnage à parasol et plantes.

156. **Nevers**. Deux Assiettes. *Printemps et hiver*.
Datées 1815.

157. **Nevers**. Cinq assiettes, décor polychrome, fleurs,
oiseaux, corbeilles (trois fêlées).

158. **Nevers**. Assiette d'archer avec attributs et légende « *à ton arbalettre mon cœur ne peut
ressistère il n'y a point de peutaitre il faut y
soucombère, 1769*.

159. Marseille. Encrier d'encoignure, forme de poêle surmonté d'une figure d'Amour, décor polychrome, fleurs : tiroir formant poudrière.

Pièce rare.

160. Marseille. Bouquetière, vase forme Médicis, avec couvercle à quatorze ouvertures, décor polychrome, fleurs, exécutées par Savy.

161. Marseille. Plat ovale oblong, décor polychrome, fleurs.

Belle qualité.

162. Marseille. Plat ovale, décor polychrome, fleurs.

Très belle qualité.

163. Marseille. Deux assiettes, décor analogue au numéro précédent.

164. Marseille. Assiette, décor rouge d'or à armoiries « de gueules au chevron d'or avec trois cigognes au naturel, deux et une ; au chef d'azur chargé d'une croix d'argent et de deux mollettes d'or ».

165. Marseille. Deux assiettes, décor polychrome à bouquets de fleurs.

166. Marseille. Assiette, décor polychrome, fleurs.

167. Marseille. Assiette, décor polychrome, chantournée et signée à la fleur de lys (veuve Perrin).

168. Marseille. Deux assiettes, décor polychrome, fleurs.

169. Marseille. Assiette, décor polychrome, fleurs.

170. Marseille. Deux assiettes, décor polychrome à personnages chinois.

171. Marseille. Pot à crème couvert, décor polychrome, fleurs.

172. **Strasbourg**. Vase bouquetier, forme ovoïde à anses torses, décor. polychrome, bouquets de fleurs et tulipe.

173 **Strasbourg**. Plat, décor polychrome, personnages chinois, fleurs et insectes.

174. **Strasbourg**. Deux plats, décor polychromé, bouquets de fleurs.

175. **Strasbourg**. Quatre assiettes, décor polychrome, fleurs.

Très belle qualité.

176. **Strasbourg**. Neuf assiettes, décor polychrome, bouquet de fleurs.

177. **Strasbourg**. Six assiettes, décor polychrome, bouquets de fleurs.

178. **Strasbourg**. Compotier, décor polychrome à l'œillet.

179. **Strasbourg**. Compotier, décor polychrome, rose.

180. **Strasbourg**. Deux compotiers, décors polychromes, œillets.

181. **Strasbourg** ou **Lunéville**. Assiette, décor polychrome, œillet.

182. **Strasbourg**. Soupière ovale, décor polychrome, roses.

183. **Strasbourg**. Plat ovale, décor polychrome, églantiers.

184. **Strasbourg**. Tasse trembleuse et sa soucoupe, décor polychrome, bouquets de roses (soucoupe félée).

185. **Strasbourg**. Deux soucoupes, décor polychrome, fleurs.

186. **Strasbourg**. Pot à pommade et moutardier, décor polychrome, fleurs.

187. **Strasbourg**. Pot à crème et tasse, décor polychrome, fleurs et chinois.

188. **Strasbourg**. Paire de sucriers à saupoudrer, couverts avec plateaux ; décor polychrome, semis de bouquets de fleurs. Signé du monogramme P. H. (*P. Hannong*).

189. **Strasbourg**. Paire de seaux cache-pots, décor polychrome, roses et liserons.

190. **Strasbourg**. Corbeille et plateau à bords réticulés, décor polychrome, roses et liserons.

191 **Strasbourg** ou **Lunéville**. Deux assiettes à bords contournés, décor polychrome, personnages chinois. Signées : A. V. 2.

192. **Saint-Jean du désert**. Deux assiettes décor polychrome, personnage chinois et fleurs.

103 **Saint-Jean du désert**. Autres assiettes, décor polychrome, personnage chinois et fleurs.

194. **Inconnu** Plat ovale avec nom : *Delassus, 1781*.

195. **Inconnu**. Deux assiettes, genre Rouen, décor bleu, fleurs.

196. **Saint-Omer**. Pichet grand modèle, *Jacquelin*, décor polychrome, fleurs.

197. **Saint-Omer**. Pichet petit modèle, *Jacqueline*, décor polychrome, fleurs.

198. **Saint-Omer**. Assiette, décor polychrome, imitation de Delft.

199. **Saint-Omer**. Sucrier à saupoudrer, décor bleu, vert et manganèse.

200. **Montpellier** (Imitation de Marseille) Pot décor polychrome, corbeille de fruits (Fracture).

201. **Samadet** (Basses-Pyrénées). Pot à câpres, surface cotelée, décor polychrome, fleurs.

202 **Desvres** Plat rond avec femme et légende : « *Je suis belle fille* » (Félé).

203. **Aire-sur-la-Lys**. Plat, décor polychrome. *Le calvaire*, portant le nom de *François Cause pinxit, 1785*.

204. **Desvres**. Petit plat, décor bleu, armoiries.

205. **Desvres**. Deux plats, décor polychrome (Félés).

206. **Picardie** (Amiens ?) Plat rond, décor polychrome (*Maréchal Ney pointant une pièce de canon à la bataille de la Moskowa*).

207. **Picardie** (Amiens ?). Pichet, décor polychrome (*Napoléon et le grenadier*), avec légende : Adèle Petit.

De chaque côté, femme en costume empire éclairant un élève des écoles de Mars couché sur une ottomane.

208. **Picardie, Courcelle-au-Bois**. Plat à barbe, décor bleu : au centre, maréchal ferrant un cheval avec devise ; « *Vive Nicolas Marquet, maréchal à Courcelle-au-Bois* ».

209. **Picardie**. Saladier, décor polychrome, quatorze d'as.

210. **Saint-Amand-les-Eaux**. Deux assiettes, décor bleu et supra blanco.

211. **Saint-Amand-les-Eaux**. Deux assiettes, bouquets fleurs polychromes et dentelle supra blanco.

212. **Saint-Amand-les-Eaux**. Deux assiettes analogues aux précédentes, supra blanco sur le marli.

213. **Picardie**. Quatre assiettes, décor bleu.

214. **Beauvais**. Plat rond, gravé, personnage et oiseaux.

215. **Beauvais**. Pichet à panse hexagonale, gravé, décor bleu.

216. **Beauvais**. Pichet à panse heptagonale, gravé,
décor bleu.

217. **Rouen**. Plat rond dentelé, décor bleu, fleurs et
zones d'arabesques.

218. **Rouen**. Petite bouteille, décor bleu, lambrequins.

219. **Rouen**. Théïère, décor bleu, lambrequins.

220. **Rouen**. Plateau octogone, décor bleu et rouille.

221. **Rouen**. Petite soucoupe creuse, décor bleu.

222. **Nevers** et **Clermont**. Salière, décor bleu, paysage.
Deux assiettes, décor bleu, arbustes.

223. **Nevers**. Aiguière, décor bleu, fleurs.
Pièce très jolie et d'une très belle qualité.

224 **Nevers**. Deux assiettes, décor bleu, style rouennais, chiffre et marli à lambrequins.

225. **Moustiers**. Assiette, décor bleu, double armoirie
avec couronne de baron.

226. **Moustiers**. Grand plat ovale, décor vert et jaune,
grotesque, dans le goût de Callot.

227. **Moustiers**. Plat ovale, décor bleu, vert et jaune,
avec médaillon représentant *Diane et Nymphe*.

228. **Moustiers**. Deux jolies assiettes, décor contourné
à cinq tons avec médaillons représentant
Chasse au sanglier et *Vénus et l'Amour*. Signée du monogramme O. L *(Olery)*.

229. **Moustiers**. Coupe rectangulaire à anses relevées
et torsées, décor bleu, ornements dans le goût
de Bérain.
Très belle qualité.

230. **Sceaux**. Deux assiettes festonnées, bords dorés,
décor polychrome, carquois et couronne de
roses.
Très belle qualité. Beaux échantillons.

231. **Picardie**. Saladier, décor polychrome.

232. **Lunéville**. Surtout ovale, décor polychrome, semis de bouquets (Coup de feu).

233. **Milan**. Assiette, décor polychrome et or, fleurs et oiseau.

— Autre assiette de décor différent.

234. **Milan**. Grand plat ovale, décor polychrome, bouquet de fleurs (Félé).

235. **Urbino**. Plat ovale, décor polychrome, avec *personnages en costumes du XVIe siècle, jouant de divers instruments*.

236. **La Fratta**. Plat rond dit graffitis, fond jaune, décor vert et ocre, *cavalier sur un animal chimérique* (Félé).

237. **La Fratta**. Coupe avec animaux en relief à l'intérieur, décor jaune, vert et ocre.

238. **Aprey**. Epoque Louis XVI. Vase de forme ovoïde à anses verticales, décor polychrome, paysage et oiseaux.

Très belle qualité.

239. **Aprey**. Saucier à plateau adhérent, forme ovale, décor polychrome, paysages et oiseaux.

Très belle qualité.

240. **Aprey**. Plat rond, décor polychrome, paysage et oiseau.

Très belle qualité.

241. **Aprey**. Deux assiettes, décor polychrome, paysage et oiseau.

242. **Sceaux**. Epoque Louis XVI. Paire de vases, forme ovoïde aux têtes de bouc en relief, décor polychrome, semis de fleurs, rideaux relevés, armoiries rehaussées d'or.

Pièces excessivement rares. Très belle qualité.

243. **Douai.** Théière couverte, décor polychrome, bouquets de fleurs.

Belle qualité.

244. **Saint-Omer**. Théière, décor polychrome, bouquets de fleurs.

245. **Saint-Omer**. Pot à lait et sucrier, décor polychrome bleu, fleurs (Couvercle fracturé).

246. **Saint-Omer**. Statuette, vache debout (Fractures au couvercle et à une corne.

247. **Saint-Omer**. Beurrier, couvercle réticulé avec volubilis en relief.

248. **Saint-Omer**. Pot à lait et soucoupe à fromage.

249. **Saint-Omer**. Beurrier de forme ovale et sucrier.

250. **Saint-Omer** Soupière avec plateau.

251. **Septfontaines**. Corbeille et plateau, décor bleu.

252. **Valenciennes**. Dix-huit assiettes, décor dit au barbeau.

253. **Inconnu**. Deux assiettes, décor bleu avec compas et équerre.

254. **Wedgwood**. Deux assiettes et un ravier, décor bleu, rouge et or, style chinois.

255. **Sceaux**. Epoque Louis XV, cuillère à sucre réticulée et dorée.

256. **Sceaux**. Cuillère à sucre, manche en relief rocaille, peint en rose.

257. **Strasbourg**. Cuillère à sucre (Réparée).

258. **Septfontaines**. Epoque Louis XVI. Cuillère à sucre, décor bleu.

259. **Milan**. Couvercle de soupière, décor polychrome, vases avec fleurs et oiseaux.

260. **Trévise**. Pot à eau, décor polychrome, paysage et oiseaux.

261. **Neufchàtel-en-Bray**. Deux burettes, décor polychrome bouquets, et encrier décor bleu.

262. **Delft**. Plat rond, décor bleu, vases avec fleurs,
style chinois.

263. **Delft**. Grand plat rond, creux, décor polychrome ; au centre, cartouche ; marli à fleurs.
Diamètre : 0^{m}38. Signé : A. P.

264. **Delft**. Plat rond. décor polychrome, à caissons,
bleu. Diamètre : 0^{m}34.

265. **Delft**. Plat rond, décor vert et caissons à paysages. Diamètre : 0^{m}34 Signé : A. P.

266. **Delft**. Plat rond, décor bleu, semis de fleurs.
Diamètre : 0^{m}34.

267. **Delft**. Beau plat, décor bleu avec paon et zones
à caissons. Diamètre 0^{m}34. Signé : *Puaav*.

268. **Delft**. Plat rond, décor bleu, représentant un
autel avec *la Nativité, l'Assomption et la Résurrection*. Diamètre : 0^{m}34.
Exposition rétrospective de Lille 1874, numéro 767.

269. **Delft**. Plat rond, décor bleu, à réserves ornées de
corbeilles de fleurs. Diamètre: 0^{m}33. Marque
au revers de B. B.

270. **Delft**. Plat analogue au précédent. Diamètre :
0^{m}30. Signé : D.

271. **Delft**. Plat rond, godronné, décor bleu et manganèse, personnages chinois, alternant avec
des dessins de cachemire.

272. **Delft**. Plat rond godronné, décor jaune et manganèse, personnages chinois.

273. **Delft**. Grand plat rond, décor polychrome, pagode et personnages, Diamètre : 0^{m}48.

274 **Delft**. Sucrier de forme ronde panse surbaissée,
riche décor polychrome de goût chinois.
Très belle qualité.

275. **Delft**. Plaque ovale, horizontale, avec cadre rocaille en relief, décor polychrome de goût
chinois : *cerf traînant un char chargé de
fleurs, précédé de Nirvana.*

276. **Delft**. Plaque ovale, décor polychrome, fleurs,
perroquet et personnage dansant.

277. **Delft**. Doré. Beurrier, décor paysage et pagode
(Couvercle fracturé).

278. **Delft**. Perroquet debout sur une terrasse, décor
polychrome ; très bel émail.

279. **Delft**. Paire de coqs debout sur terrasse, décor
polychrome.

Très belle qualité.

280. **Delft**. Sucrier, décor bleu à lambrequins et fleurs.
Signé : *Hoon* (Fêlure).

281. **Delft**. Couvercle de brosse, décor bleu à réserves
de paysages. pagodes et oiseau.

282. **Delft**. Assiette décor bleu, rosace et marli riche-
ment ornés. Signée : L. V. E.

Très belle qualité.

283. **Delft**. Assiette décor polychrome ; au centre un
cartouche avec personnage assis ; très beau
marli.

284. **Delft**. Deux assiettes, décor polychrome coréen.
Très belle qualité. Très rare.

285. **Delft**. Assiette, décor polychrome, avec double
armoirie surmontée de couronnes, marli à
fleurs.

286. **Delft**. Assiette, décor bleu, avec rosace, marli à
arabesques. Signée : M. B.

287. **Delft**. Plat creux, décor bleu, style chinois. personnages.

288. **Delft** Petit plateau rond, décor bleu : berger et bergère.

289. **Delft.** Deux assiettes, décor polychrome, dit au tonnerre. Signées : D. A. W. (Une réparée).

290. **Delft.** Deux assiettes, décor polychrome, corbeilles de fleurs. Signées : D.

291. **Delft.** Assiette, décor polychrome et fond vert, à réserves ornées de paysages et de fleurs. Signées : I. V. L.

Très belle qualité.

292. **Delft.** Assiette, décor de cachemire à réserves chargées de fleurs.

293. **Delft.** Assiette, décor bleu ; au centre, médaillon avec amour, entouré d'un semis de fleurs.

294. **Delft** Deux assiettes, décor polychrome, analogue au numéro précédent.

295. **Delft.** Assiette, décor bleu à la balustrade. Signée : à la Hache.

296. **Delft.** Soucoupe, décor polychrome, perroquet.

297. **Delft.** Quatre soucoupes, décors polychrome différents.

298. **Delft.** Quatre soucoupes, décor bleu, sujets différents.

299. **Delft** Deux petites coupes godronnées, décor bleu, fleur, et petit plateau à personnages chinois.

300. **Delft.** Assiette, décor polychrome à réserves chargées de corbeilles de fleurs.

301. **Delft.** Réchaud avec partie reticulée, anses droites et supports, décor bleu, à caissons alternés, *représentant des vaisseaux et des villes (Rotterdam).*

Pièce rare.

302. **Delft.** Théïère, décor bleu avec réserves, *représentant des barques sur l'Escaut et une vue de ville*.

Pièce très rare.

303. **Delft**. Quatre soucoupes, décor polychrome, fleurs.

304. **Delft.** Coupe cotelée, décor polychrome, modèles, zones et marli.

305. **Delft.** Coupe, décor polychrome, semis de fleurs.

306. **Delft.** Coupe, décor bleu.

307. **Delft.** Paire de vaches, riche décor polychrome, fleurs, sur terrasses chargées de grenouilles.

Très belle qualité. Rares.

308. **Delft.** Epoque Louis XIV. Bénitier à reliefs, orné de Chérubins, décor bleu avec monogramme du Christ.

Objet rare.

Exposition rétrospective de Lille 1874, n° 703.

309. **Delft**. Vase cache-pot, forme Médicis, à anses verticules détachées ; décor bleu ; guirlandes de fleurs.

310. **Delft.** Paire de potiches, décor polychrome, personnages d'après Watteau : *Scène du voyage à Cythère* (Une ébréchée à l'orifice).

Qualité très rare.

311. **Delft**. Potiche couverte, octogonale, à pans coupés, très beau décor bleu, à sujets alternés, personnages, fleurs et oiseaux. Hauteur : 0m50.

312. **Delft**. Paire de grandes bouteilles, beau décor bleu, analogue au numéro précédent. Hauteur 0m44.

313. **Delft.** Cornet, décor bleu à lambrequins et caissons ornés de fleurs (Ebréchure à l'orifice).

314. **Delft**. Grand vase octogone, décor plein, paysages
et personnages chinois. Hauteur : 0ᵐ47.
Belle qualité.

315. **Saint-Omer**. Assiette à bord festonné, paysage
avec chariot et voiturier, décor polychrome.

PORCELAINES ANCIENNES

316. **Saint-Cloud** (Pâte tendre). Moutardier, décor
bleu, avec monture ancienne en argent (Manque le bouton du couvercle).

317. **Chantilly** (Pâte tendre). Sucrier forme ovale à
plateau adhérent, décor bleu, genre Barbeau.

318. **Chantilly** (Pâte tendre). Assiette, marli à grains
d'orge, décor bleu à l'œillet. Signée en toutes
lettres.

319. **Chantilly** (Pâte tendre). Deux assiettes, décor
bleu ; chiffres L. enlacés, surmontés de la couronne royale, marli orné de rubans et de guirlandes de roses.
Provenant du château de Villers-Cotterets.

320. **Chantilly** (Pâte tendre). Sucrier ovale à lobes,
décor polychrome, bouquets de fleurs.

321. **Chantilly** (Pâte tendre). Théïère à surface cotelée, décor polychrome coréen.

322. **Mennecy** (Pâte tendre). Sucrier ovale, portant la
marque du duc de Villeroy et daté 1767.

323. **Boissette** (Seine-et-Oise). Tasse trembleuse, couverte, décor polychrome, bouquets de fleurs.
Fabrique très rare.

324. **Mennecy?** (Pâte tendre). Quatre tasses droites
(à cul-de-poule). Très beau décor polychrome,
bouquet de fleurs.
Qualité très fine comme pâte et décor.

325. **Sèvres** (Pâte tendre). Plat creux, décor polychrome, semis de bouquets.

326. **Sèvres** (Pâte dure). Plat rond, décor polychrome, bouquets, marli semé de roses.

327. **Sèvres** (Pâte dure, marque à la vignette). Plat rond, décor polychrome et or, semis de fleurs.

328. **Sèvres** (Pâte dure, marque à la vignette). (Théière, décor polychrome fleurs.

329. **Sèvres** (Pâte tendre). Sucrier, semis de bouquets, polychrome et or.

330. **Sèvres** (Pâte tendre). Tasse droite et soucoupe, décor polychrome et or, semis de fleurs.

331. **Sèvres** (Pâte tendre). Pot à lait, décor polychrome, bouquets de fleurs (Fracturé).

332. **Sèvres** (Pâtes tendre et dure). Deux soucoupes, décor polychrome et or, fleurs.

333. **Sèvres** (Pâte dure. Epoque Louis-Philippe). Pot à eau.

334. **Sèvres** (Pâte dure 1832). Tasse droite et soucoupe, décor or sur fond bleuté.

335. **Sèvres** (Pâte dure. Epoque Louis-Philippe). Tasse et soucoupe.

336. **Sèvres** (Pâte dure. Epoque Louis-Philippe). Tasse.

337. **Paris** (Pate dure). Fabrique de Monsieur (*Deruelle*).

338. **Paris** Deux compotiers, décor polychrome, bouquets de fleurs.

339. **Paris**. Sucrier couvert, décor polychrome, fleurs (Couvercle fracturé).

340. **Jacob Petit**. Corbeille et plateau, décor or et polychrome, fleurs. Signé : J. P.

341. **Paris** (Imitation de Sèvres). Ecuelle couverte et plateau, fond bleu à réserves ornées de bouquets de fleurs polychromes.

342. **Sèvres** (Imitation). Pot à eau et cuvette, fond bleu, décor or et reliefs, imitant des pierres fines.

343. **Venise**. Tasse trembleuse, décor or et polychrome, guirlandes de fleurs ; marquée d'une ancre en or.

344. **Paris**. Quatre soucoupes et deux tasses, décor polychrome, oiseaux

345. **Lille**. Assiette, décor polychrome, bouquets ; marque dauphin couronné.

346. **Boissette**. Onze assiettes, décor polychrome, bouquets (Une seule porte la marque).

347. **Paris**. Deux pots à lait, deux cafetières et une assiette, décor or.

348. **Paris**. Six assiettes, décor polychrome, sujets d'après Lancret.

349. **Fismes**. Plateau et dix pots à crème.

350. **Paris**. Glacière ovoïde à anses verticales, décor polychrome et or, attributs de musique et fleurs.

351. **Worcester** (Pâte tendre). Petit plateau ovale, décor polychrome, bouquets de fleurs et or.

352. **Paris** (Fabrique de Monsieur). Pot à lait, filet or, décor polychrome aux barbeaux.

353. **Paris**. Epoque Louis XVI. Chocolatier, décor polychrome aux barbeaux.

354. **Paris**. Epoque Louis XVI. Quatre tasses et quatre soucoupes, décor aux barbeaux.

355. **Paris**. Epoque Louis XVI. Quatre coquetiers, décor aux barbeaux (Un fêlé).

356. **Paris**. Epoque Louis XVI. Six pots à crème, dont quatre couverts, décor aux barbeaux.
Un pot à crème, décor bleu. Fabrique de la Courtille.

357. **Custine**. Tasse et soucoupe. **Paris**. Soucoupe, décor violet. **Sceaux**. Tasse.

358. **Arras** (Pâte tendre). Trois assiettes, décor polychrome, bouquet fleurs.

359. **Arras**. (Pâte tendre). Soixante assiettes, décor bleu au barbeau.

360. **Arras** (Pâte tendre). Vingt-six assiettes, dont deux creuses, décor bleu, marli à grains d'orge.

361. **Arras** (Pâte tendre). Quatre compotiers à surface cotelée, bouquets de fleurs, décor bleu.

362. **Arras** (Pâte tendre). Dix assiettes à bords contournés, décor bleu, bouquets.

363. **Arras** (Pâte tendre). Trois assiettes dont deux cotelées, décor bleu à bouquets.

364. **Arras** (Pâte tendre). Saladier, décor bleu, au barbeau.

365. **Arras** (Pâte tendre). Légumier, décor bleu au barbeau.

366. **Arras** (Pâte tendre). Grand plat, bords contournés, décor bleu au barbeau. Diamètre : 0^{m}39.

367. **Arras** (Pâte tendre). Quatre plats, décor bleu au barbeau.

368. **Arras** (Pâte tendre). Deux raviers, décor bleu au barbeau.

369. **Arras** (Pâte tendre). Grand plat ovale, décor bleu, au barbeau Longueur : 0^{m}50.

370. **Arras** (Pâte tendre). Plat long, analogue au précédent. Longueur : 0^{m}40.

371. **Arras** (Pâte tendre). Plat long, décor bleu, bouquet de fleurs, style chinois. Longueur : 0ᵐ38.

372. **Arras** (Pâte tendre). Deux plats longs, décor bleu, au barbeau. Longueur 0ᵐ38.

373. **Arras** (Pâte tendre). Soupière ovale. décor bleu, au barbeau.

374. **Sept-Fontaines** Sept assiettes et une saucière. Signées : L B.

375. **Creil.** Deux saucières, décor bleu, datées 1834.

376. **Tournai** (Pâte tendre). Soupière ovale, décor bleu, bouquets de fleurs, style chinois.

377. **Tournai** (Pâte tendre). Grand plat rond, décor bleu, fleurs, style chinois. Diamètre : 0ᵐ42.

378. **Tournai** (Pâte tendre). Deux plats ovales, cotelés, décor bleu, style chinois. Diamètre : 0ᵐ37 et 0ᵐ35.

379. **Tournai** (Pâte tendre). Deux plats ovales décor bleu, style chinois, l'un avec marli à grains d'orge. Longueur : 0ᵐ30.

380. **Tournai** (Pâte tendre). Trois plats, décor bleu, style chinois. Longueur 0ᵐ30.

381. **Paris.** Plat rond, décor bleu, fleurs

382. **Paris** (La Courtille). Plat rond, bord festonné, décor bleu, fleurs.

383. **Tournai** (Pâte tendre). Saladier et plat, décor bleu.

384. **Tournai** (Pâte tendre). Deux raviers, forme barque, décor bleu.

385. **Worcester** (Pâte tendre). Moutardier, décor bleu, marque au croissant.

386. **Tournai** (Pâte tendre). Cinq pots à crème, sucrier (poignée fracturée). Deux soucoupes, un moutardier, trois couvercles.

387. **Tournai** (Pàte tendre). Deux assiettes, surface cotelée et à grains d'orge, décor de paysage au rouge d'or, marquées en or.

Très belle qualité.

388. **Tournai** (Pàte tendre). Douze assiettes, décor bleu, goût chinois à grains d'orge.

389. **Tournai** (Pàte tendre). Trente-neuf assiettes dont quatre creuses, goût chinois.

390. **Tournai** (Pàte tendre). Cinquante-deux assiettes, décor bleu à guirlandes.

391. **Tournai** (Pàte tendre). Vingt-quatre assiettes, décor bleu, feston.

392. **Tournai** (Pàte tendre). Vingt-deux assiettes, décor bleu, cotelées à grains d'orge.

393. **Tournai** (Pàte tendre). Quatorze assiettes, décor bleu, au barbeau.

394. **Tournai** (Pàte tendre). Douze assiettes, décor bleu, au barbeau.

395. **Tournai** (Pàte tendre). Deux assiettes, décor bleu : *Saint Georges terrassant le démon.*

396. **Tournai** (Pàte tendre)..Trois assiettes cotelées, décor bleu, style chinois.

397. **Tournai** (Pàte tendre). Sept assiettes, décor bleu, de formes et décors variés.

PORCELAINES ANCIENNES DE CHINE

398. **Chine.** Grand plat octogone, décor polychrome, fleurs et rouleau, orné de paysage. Longueur: 0^m47.

Belle qualité.

399. **Chine.** Plat ovale, décor polychrome, fleurs, poissons et oiseaux. Longueur : 0^m37,

400 **Chine**. Deux assiettes, riche décor polychrome,
vases de fleurs, balustrade, marli chargé.
Epoque des Ming.

401. **Chine**. Deux assiettes, décor polychrome et or,
rochers, fleurs et fong-hoang.

402. **Chine** Quatre assiettes, décor polychrome, fleurs,
paon et faisan.

Bonne qualité.

403. **Cᵉ Indes**. Six assiettes, décor polychrome : la
cueillette des cerises, d'après Baudouin.

Assiettes de commande.

404. **Chine**. Quatre petits compotiers, décor polychrome et or, fleurs.

405. **Chine**. Quatre soucoupes, décors variés, polychromes.

406. **Chine**. Quatre soucoupes, décor variés polychromes.

407. **Chine**. Soucoupe, décor polychrome, fleurs et
fong-hoang ; monture en cuivre doré.

408. **Chine**. Grand plat rond, décor polychrome, rochers, roses et faisans ; marli chargé de fleurs.
Diamètre : 0ᵐ42.

Belle qualité.

409. **Chine**. Plat rond, décor polychrome, marli vermicellé. Diamètre : 0ᵐ34.

410. **Chine**. Plat céladon, décor polychrome, fleurs.

411. **Chine**. Deux assiettes, fleurs, oiseaux.

412. **Chine**. Assiette, décor polychrome et or, fleurs
et modèles.

Belle qualité.

413. **Chine** Assiette, décor polychrome, poissons.

414. Chine. Deux plats, décor polychrome et or, fleurs paon et paonne. Diamètre : 0m28.

Belle qualité.

415. Chine. Deux assiettes, décors polychromes fleurs, marli à grenades.

416. Chine. Deux assiettes, décors polychromes variés, fleurs et bambou.

417. Chine. Trois assiettes, décors polychromes, fleurs.

418. Chine. Quatre assiettes, décors polychromes, fleurs.

419. Chine. Six assiettes, décors polychromes, bouquets de fleurs.

420. Chine. Deux soucoupes et une tasse, décors polychromes à caissons, fleurs.

421. Chine. Théïère et pot à lait, décor polychrome, fleurs et oiseaux.

422. Chine. Théïère, décor polychrome, fleurs et canards.

423. Chine. Trois tasses, deux soucoupes, décor polychrome, fleurs, oiseaux (Félures).

424. Chine. Deux grands bols, décors polychromes avec réserves chargées de personnages : *Scènes de voyage et de chasse.*

425. Chine. Plat creux, décor polychrome, fleurs et rochers avec coqs : le marli décoré supra blanco.

426. Chine. Plat, décor à l'encre de Chine et rose, représentant *un mariage ou l'Amour couronne les époux.*

La scène se passe dans un portique dont les colonnes intérieures supportent des armoiries — Le cintre porte l'inscription : *semper amor pro te atque fidelis.*

Echantillon très rare.

427. **Indes**. Assiette décorée au centre à l'encre de
Chine, *personnages en voyage, costumes de
pèlerins, précédés par l'Amour ;* le marli dessins de cachemire à réserves ornées de paysages polychromes et or.

428. **Indes**. Assiette, décor à l'encre de Chine, portrait d'un prêtre, avec médaillon reprèsentant
Jésus et ses disciples ; le marli est rehaussé
d'or.

429. **Chine**. Assiette, au centre décor polychrome,
fleurs ; marli rosaces bleues et décor supra
blanco.

430. **Chine**. Cinq assiettes, décors polychromes et or ;
au centre double armoirie surmontée d'une
couronne comtale.

431. **Chine**. Soucoupe armoriée, polychrome et petit
plateau.

432. **Chine**. Quatre soucoupes et quatre tasses, décors
polychromes, armoiries et paysages.

433. **Chine**. Tasse et soucoupe, décors polychromes,
fleurs et cartes à jouer.

434. **Chine**. Deux petites potiches, décors polychromes, personnages et armoiries.

435. **Chine**. Plat, décor corail et or : le baptême dans
le Jourdain ; monture en bronze doré.
Exposition rétrospective de Lille 1874.

436. **Chine**. Deux compotiers à surface gravée, décor
bleu.

437. **Chine**. Plat rond, surface cotelée, décor bleu à
caissons chargés de fleurs.

438. **Chine**. Quatre assiettes, décor bleu.

439. **Chine**. Deux petits plateaux octogones, décors
bleus avec vases de fleurs.

440. **Chine**. Tasse et soucoupes cotelées, décor bleu.
Belle qualité.

441. **Chine**. Aiguière, décor bleu, bouquets, fleurs et
oiseaux.

442. **Chine**. Cinq tasses et soucoupes, décors bleus,
fleurs.

443. **Japon**. Deux soucoupes, décor polychrome et or
chrysanthèmes ; monture en bronze.

444. **Japon**. Plateau, décor bleu et or, fleurs.

445. **Japon**. Plat, décor polychrome rehaussé d'or ; à
l'intérieur, double armoirie ; le marli à
paysages.

446. **Japon**. Deux petites soucoupes à personnages,
décors polychromes, rehaussés d'or.

447. **Japon**. Trois soucoupes, décors polychromes,
paysages, fleurs.

448. **Japon**. Grand plat rond, décor polychrome :
scènes de roman ; fabrique de Yeddo.

449 **Japon**. Paire de grands vases, décors polychromes, fleurs, avec réserves laquées, noires et
or, fleurs et oiseaux, ouverture tuyautée ;
fabrique de Yeddo.

450. **Japon**. Théïère en faïence de Finzen, émaillée,
vert avec reliefs.

451. **Japon**. Trois coquetiers, décors rouge et or, fabrique de Kanga (Un fracturé).

452. **Japon**. Quatre assiettes, décors polychromes et
or, fleurs, décors variés.

453 **Japon** Quatre assiettes, décors polychromes et
or, haies, fleurs et bambou.

454. **Japon**. Trois assiettes, décors polychromes et or,
variées.

455. **Japon**. Plateau et deux soucoupes, décors polychromes et or, variés.

456. **Japon**. Deux soucoupes et une tasse, décor polychrome : *coq et cigogne*.

PORCELAINES DIVERSES

457. **Saxe**. Deux assiettes, décors polychromes, fleurs,
bouquets, roses et tulipe ; marli à grains d'orge.

458. **Saxe**. Deux assiettes analogues aux précédentes.

459. **Saxe Marcolini** Trois assiettes, décors polychromes ocre et or : bergers et moutons, chevaux, renard mangeant une proie.

460. **Saxe**. Tasse et soucoupe, surface cotelée, décor
bleu.

461. **Frankenthal**. Saucière, surface lobée, décor polychrome, bouquets de fleurs, marque au lion.

462. **Berlin**. Assiette, décor polychrome, bouquet de
fleurs.

463. **Berlin**. Tasse trembleuse et soucoupe, bords à
grains d'orge, décor ocre et fleurs.

464. **Saxe**. Tasse, forme bol, décor polychrome et or,
fleurs.

465. **Charles-Théodore**. Deux socles ; décors polychromes et or.

466. **Saxe**. Tasse et soucoupe ; décor roses, fleurs.

467. **Hasberg**. Tasse et soucoupe ; décors polychromes, fleurs.

468. **Custine**. Tasse et soucoupe à surface cotelée.

469. **Inconnu**. Six assiettes avec motifs et décors polychromes imprimés : sujets d'après Wouver-
mans et autres maîtres.

STATUETTES

(Porcelaine et Faïence)

470. **Lunéville**. Groupe : *marchands de raisins ;* quatre personnages, polychrome.

471. **Vienne** (Autriche). *Personnage du théâtre Italien.*

472. **Saxe**. *Joueuse de vielle et joueur de cornemuse ;* décor polychrome.

473. **Capo dit Monte**. Groupe : *Scène galante.*

474. **Allemagne**. *Junon*, décor polychrome.

475. **Saxe moderne**. *Seigneur et dame assis*, décor polychrome.

476. **Saxe** (Imitation de), *Joueuse de veille et joueur de cornemuse* ; décor polychrome.

477. **Saxe moderne**. *Montreur de lanterne magique et joueuse de vielle*; décor polychrome (groupe)

478. **Minton**. *Femme drapée à l'antique ;* décor polychrome.

479. **Lunéville**. *Moissonneuse tenant un nid ;* décor polychrome.

480. **Jacob Petit**. *Napoléon Ier*. Buste biscuit.

481 **Sèvres ?** *Moissonneuse*, biscuit.

482. **Allemagne**. Groupe représentant *un enlèvement,* biscuit.

483. **Jacob Petit**. Statuette représentant *le prince d'Orléans ;* décor polychrome.

484. **France**. *Jérome Napoléon ;* buste biscuit avec socle porcelaine décorée.

485. **France**. Statuette : *Duguesclin*. Signée : *Mas, 1843*.

486. **France**. Deux statuettes, biscuit moderne : *berger et bergère*.

487. **Paris**. Deux groupes biscuit : *Scènes galantes*.

VERRERIE ANCIENNE

488. **Flandre**. Grand verre couvert, forme calice, taillé et gravé, *sujets relatifs au vin ;* entre les lobes, des fleurs de lys.

489. **Venise**. Grand verre à piédouche, la hampe filée de divers tons.

490. **Flandre**. Verre du XVIII° siècle, gravé, armorié, avec légende : *Vive Monsieur Hoyenberg, le fils ayné.*

491. **Flandre**. Deux verres, taillés, dont un forme calice.

492. **Flandre**. XVIII° siècle. Bénitier, verre filé et ouvré.

493. **Flandre**. Baromètre à eau avec reliefs, oiseaux et cabochons.

494. **Flandre**. Deux burettes, verre taillé.

495. **Flandre**. Paire de burettes, verre taillé.

496. **Flandre**. Epoque Louis XVI. Burette, verre taillé et gravé, restes de dorures.

497. **Flandre**. Epoque Louis XVI. Paire de sucriers à saupoudrer, surface bombée à vis.

498. **Flandre**. Epoque Louis XIV. Sucrier à saupoudrer en verre taillé.

499. **Flandre**. Sucrier analogue au précédent.

500. **Flandre**. Vingt-trois verres, forme gobelet à surface taillée.

501. **Flandre**. Epoque Louis XVI Quatre verres évasés.

502. **Flandre**. Six verres à liqueur.

503. **Flandre**. Trois lumières forme S, provenant d'appliques.

504. **Flandre**. Deux verres à pied, forme évasée, moulés à cabochons.

505. **Flandre**. Tabatière, verre moulé avec **armes de France**.

506. **Flandre**. Corne à boire, verre bleu entouré d'une strie.

507. **Flandre**. Seau, verre ventru taillé et verre gobelet à anse droite.

508. **Flandre**. Confiturier avec son plateau, cristal taillé.

509. **Flandre**. Confiturier avec plateau, cristal taillé et dentelé.

510. **Flandre**. Epoque Louis XV. Flambeau.

511. **Bohême moderne**. Coffret, fond rouge avec vues de Bade, monture en cuivre.

512. **Nevers**. Paire de bouteilles avec bouchons, forme ballons, verre opale avec ornements émaillés.

513. **Nevers**. Verre évasé, octogone, opale, avec ornements émaillés et inscription : *on cherche ce que l'on aime 1730.*

514. **Nevers**. Bouteille, verre opale avec ornements bleus.

515. **Flandre**. Moutardier avec médaillon : *portrait de femme coiffée d'un grand chapeau.*

ÉMAUX ANCIENS DE DIVERSES ÉPOQUES

516. **Limoges** (Ecole de). XVI° siècle. Croix processionnelle en cuivre, chargée sur la face de la
figure du Christ et des quatre Evangélistes ;
au revers, d'une statuette, Vierge tenant l'enfant et des emblèmes des quatre Evangélistes.

Le nœud de la croix est orné de huit émaux, montés en cabochons, représentant des figures, hommes et femmes dans
l'attitude de la prière. — Restes de dorure.
EXPOSITION RÉTROSPECTIVE DE LILLE 1874, n° 1571.

517. **Limoges** (Ecole de). XVI° siècle (Attribué à
Léonard-Limousin. *Le Christ au jardin des
Oliviers*. Plaque en émail translucide sur or et
rehaussé d'or.

Très belle qualité et d'une exécution précieuse. Hauteur :
0ᵐ17. Largeur : 0ᵐ13.
La partie inférieure de l'émail est froissée.
Beau cadre en bois sculpté de l'époque Louis XIV.
EXPOSITION RÉTROSPECTIVE DE LILLE 1874, N° 181.

518. **Limoges** (Ecole de). XVI° siècle (Attribué à
Léonard Limousin. La *Résurrection*. Plaque en
émail translucide sur or et rehaussé d'or.

Très bonne exécution (Angles fracturés).
Hauteur : 0ᵐ17. Largeur : 0ᵐ13.
Beau cadre en bois sculté de l'époque Louis XIV.
EXPOSITION RÉTROSPECTIVE DE LILLE 1874, N° 182.

519. **Ecole Limousine moderne**. *Les Douze Césars*.
Deux plaques formées chacune de six médaillons ovales, en émail translucide. Hauteur
de chaque médaillon : 0ᵐ165. Largeur : 0ᵐ130.

En deux cadres formés de plaques cuivre gravé et doré,
ornés de cabochons en verre de couleur.

520. **Limoges** (Ecole de). XVIᵉ siècle (Genre de Péni-
caud). *Tête de vierge*, émail translucide, entouré de reliefs. Diamètre 0ᵐ028.

EXPOSITION RÉTROSPECTIVE DE LILLE 1874, N° 207.

521. **Nouaillier**. XVIIe siècle. *Saint Joseph*, émail translucide, signé du monogramme P. N. Hauteur : 0^m09- Largeur 0^m06. Cadre en bois sculpté, époque Louis XIV.

Exposition rétrospective de Lille 1874, n° 209.

522 **Nouaillier**. XVIIe siècle. Bénitier peint en grisaille : *Extase de sainte Madeleine*. Signé du monogramme P. N. (Fracturé).

Exposition rétrospective de Lille 1874, n° 205.

523. **Limoges** (Ecole de) Style du XVIe siècle. *Triomphe d'Amphitrite*, grisaille, légèrement rosée. Diamètre : 0^m255.

524. **Limoges** (Ecole de). Style du XVIe siècle. *Vénus et l'Amour*, grisaille, rehaussé d'or. Hauteur : 0^m085. Largeur : 0^m075. Cadre en bois sculpté, époque Louis XIV.

525. **Ecole Française**. Epoque Louis XIV. *Portrait d'un princesse de la Maison de Savoie*, attribué à *Hauet*. Largeur : 0^m08 Hauteur : 0^m06.

Bel état de conservation.

526. **Ecole Française** Epoque Louis XIV. *Portrait d'un Maistre de camp du XVIIe siècle*. Dessus de tabatière à pans coupés. Longueur : 0^m07. Hauteur : 0^m04. Cadre en bois sculpté, époque Louis XIV.

527 **Ecole Française**. XVIIIe siècle. *Paysage*, forme ovale. Longueur : 0^m042.

528. **Epoque Louis XV**. Email de Genève. Fond de montre, *buste de jeune femme coiffée d'un toquet.*

529. **Epoque Louis XV**. Email de Genève Fond de montre. *Buste de femme coiffée d'un toquet rouge et tenant un perroquet.*

530. **Epoque Louis XVI**. Email de Genève. Fonds de montre : *Hébé*.

531. **Epoque Louis XVI**. Email de Genève. Fond de montre : *Offrande à l'autel de l'Amour* (Réparé).

532. **XVIIIe siècle**. Email de Saxe. Bonbonnière ronde, décor polychrome, fleurs.

533. **Ecole Anglaise**. *Vieillard et enfant*.

534. **Ecole moderne**. *La moisson*

535 et 536. **Emaux de Battersea**. Deux moutardiers, décor bleu et polychrome (Fracturés).

537. **Email Anglais**. Tabatière carrée; *groupe de chiens peints* polychromes ; au revers *renard emportant un canard*.

538. **Ecole Russe**. Triptyque pectoral représentant *le Christ, la Vierge et saint Wladimir*.

539. **Ecole Russe**. Plaque ajourée en forme de croix avec le crucifix et les saintes femmes ; fond émaillé.

Exposition rétrospective de Lille 1874, n° 1779.

540. **Email lisse de la Chine**. Assiette octogone, décor bleu, branches de fleurs et oiseaux.

541 **Email lisse de la Chine**. Epoque Louis XV. Assiette à bord contourné, décor polychromes : *scène galante*.

542. **Email lisse de la Chine**. Epoque Louis XVI. Plateau fond bleu turquoise avec zones d'arabesques, polychrome.

543. **Email lisse de la Chine**. XIXe siècle. Coupe décor analogue au numéro précédent.

544. **Email lisse de la Chine**. XVIIIe siècle. Théière lobée, fond cachemire à réserves de fleurs et papillons.

545 **Email lisse de la Chine.** XIXe siècle. Boîte à thé fond bleu avec le dragon sacré (Réparation).

546. **Email lisse de la Chine.** Epoque Louis XVI. Plaque provenant d'un cabinet, décor fleurs, cadre bronze.

547. **Email cloisonné du Japon.** Deux plats. Sujet central représentant *des guerriers.* Diamètre : 0^m47.

548. **Email Français moderne.** Petit plateau fond bleu avec zones ornées de roses et entourées d'argent.

549. **Email lisse de la Chine.** XIXe siècle. Petit plateau carré avec sujet polychrome : *voyageurs.*

OBJETS DE VITRINE

Miniatures — Reliquaires — Bas-reliefs
Rapes à tabacs — Éventails — Ivoires

550. **Epoque Louis XIII.** Reliquaire en argent avec *Christ en croix* peint sur velin.

551. **Epoque Louis XIV.** Reliquaire en filigrane d'argent, à double face, *figures du Christ et de la Vierge* sur fond doré.
EXPOSITION RÉTROSPECTIVE DE LILLE 1874, N° 2521.

552. **Epoque Louis XIV.** Reliquaire à double face. *La Vierge et l'Enfant* peints à la gouache ; au revers, attributs de la Passion, au canivet. Cadre en or de l'époque.
EXPOSITION RÉTROSPECTIVE DE LILLE 1874, N° 2513.

553. **Epoque Louis XIV.** Baiser de paix. Bronze argenté : *Vierge dans sa gloire.*
EXPOSITION RÉTROSPECTIVE DE LILLE 1874, N° 1776

554. **Epoque Louis XIV**. Baiser de paix. Bronze argenté : *le crucifiement*.

Exposition rétrospective de Lille 1874, n° 1775.

555. **Epoque Louis XIV**. Deux reliquaires, forme de vases à anses droites; l'un surmonté d'une couronne, sont ornés de cabochons en verres de couleur.

556 **XIVe siècle**. Christ en bronze provenant d'une croix processionnelle.

557. **Epoque Louis XIII**. Reliquaire triptyque ; travail de passementerie avec pierres de couleur montées en cabochons et diverses gouaches représentant *neuf saints*.

Exposition rétrospective de Lille 1874, n° 2507.

558. **Epoque Louis XIV**. Grande boîte à pans coupés en agathe orientale moussue ; monture en cuivre de l'époque et étui du temps en maroquin rouge.

559. **Epoque Louis XIII**. Chapelle ouvrante formant triptyque. Les volets peints représentent *la Nativité et l'Adoration des Mages*.

Exposition rétrospective de Lille 1874, n° 1802.

560. **Bando, époque Louis XVI**. *Portrait en buste d'une jeune femme appuyée sur une harpe.*

561. **Desnos 1796**. *Portrait d'un tambour major*, représenté en buste, on voit sa ceinture ; costume bleu, revers blancs bordés rouge, les parements rouges brodés d'or ; coiffé d'un chapeau en bataille garni de trois plumes aux couleurs nationales.

562. **Epoque Louis XVI**. Portrait de femme en buste (*portrait présumé de la princesse de Lamballe*), monté sur boite en écaille.

563. **Ecole Française**. *Portrait d'homme*, époque du Directoire (ancien grand chaton de bague).

564. **Portrait** *de M. Chevalier, capitaine d'état major; miniature sur ivoire* (vers 1818).

565. **Ecole Française.** Epoque du Directoire. *Portrait de femme assise et enveloppée d'un châle.*

566. **Ecole Française 1818.** *Portrait d'un officier d'infanterie.*

567. **Ecole Française.** Miniature sur ivoire, *le départ du messager.*

568 **Deux miniatures,** provenant de boutons, *l'éducation de l'Amour et jeune mère avec son enfant.*

569. **Ecole Française.** Vase contenant des fleurs. Miniature, manière de Vandael.

570. **Roust 1820.** *Portrait de Boïeldieu,* peint sur ivoire.

571. **Ecole Française.** Epoque Louis XVI. Deux miniatures, profils en grisaille, *têtes de jeune fille et de vieillard.*

572. **Ecole Française,** d'après Le Guide. *Le sommeil de l'Amour.*

573. **Ecole Française.** Epoque Louis XVI. Miniature sur vélin : *la Déclaration,* avec cadre en bois sculpté du temps.

574. **Epoque Louis XVI.** Miniature sur ivoire : *Portrait de femme — Portrait de Louis XVIII.*

575. **Deux médailles bronze,** une dorée.

576 **Ecole moderne.** *La déclaration,* d'après Boucher, peinture sur porcelaine.

577. **Ecole Russe.** *Saint Paul tenant une épée,* bas relief bronze.

578. — Deux coins en corne, médailles et *portrait du Prince impérial* en écaille fondue.

579. — Trois médaillons bronze, par David d'Angers :
portrait de Laffitte, Géricault et Maurel.

580· — Trois pièces bronze : disque, médaille d'Innocent IX et médaille (*portrait*).

581. — Cinq statuettes en bronze.

582. — Bas relief ajouré en cuivre et porte cure dents en fonte.

583. — Deux presse-papier , l'un en bronze : *coq,* l'autre en serpentine : *reptiles.*

584. **Nini.** Médaillon en terre cuite : *Voltaire.*

585. **Montre.** Argent. Epoque de la Restauration, mouvement de Berthoud à Paris : *Martin et Martine frappant des cloches* avec une chatelaine en cuivre doré.

586. **Epoque Louis XIV.** Buis sculpté. Grande rape chargée d'arabesques et de chiffres enlacés de Louis-Philippe, prince de Condé, au revers, les armes de France ; signé : Victor Martin.

587. — Rape à tabac, ornée d'attributs religieux : *l'Adoration du Saint-Sacrement — La Vierge et le Saint Esprit.*

588. **Epoque Louis XIV.** Rape à tabac en forme de violoncelle, sculptée, chargée de jolis ornements.

589. **Epoque Louis XIV.** Ivoire. *Bellone.* Rape à tabac.

590. **Epoque Louis XIV.** Ivoire. Rape à tabac, forme de coquille.

591. **Art Japonais.** Ivoire. Bouton d'habit. *Japonais combattant une panthère.*

592. **Epoque Louis XIV.** Ivoire : *Sainte Véronique.*

593. **Ivoire.** Vase ovoïde très allongé avec bas reliefs ; *jeux d'enfants* (ancienne Collection Cabaret).

594. **Art Français**. Epoque Louis XIV. Ivoire. Groupe représentant *Dieu le Père, Dieu le Fils et la Vierge*.

Exposition rétrospective de Lille 1874, n° 2133.

595. — Boîte ivoire avec monogramme du Christ et figures allégoriques gravées avec inscription 1686. A. I. ENBAR.

596. — Trois tabatières en buis et noix de coco sculptées grotesques.

597. **Iʳᵉ République**. Deux éventails, l'un avec figure de *la Liberté*, l'autre avec figures des *rentiers*.

598. **Jade**. Morceau ajouré avec *canard passant au travers de plantes*.

599. — Deux plaques en corne moulée d'orfévrerie. Débris de vitrail du XVIᵉ siècle. Dessus de boîte à jeu, époque Louis XIV en ivoire gravé.

600. **Epoque Louis XIV**. Couvre calice en soie imprimée, brodé en fin argent, et garni de perles fines. La figure du Christ est brodée au passe. Signé : Paris, typographie François Lecointe, rue Jacob.

Exposition rétrospective de Lille 1874, n°

601. — Cinq mosaïques, dessus de boîtes, art romain. Coq et poule, oiseaux et vue du Colysée.

602. — Cinq plaques, mosaïques de Florence : maison, jasmin, oiseau et fleurs.

603. — Deux plaques marbre ; l'une composée de vingt-cinq échantillons, l'autre en stuc, imitation des fresques de Pompéï.

604. **Œuf** d'autruche gravé avec sujets tirés de la Bible. Daté : 1765.

605. **XVIᵉ siècle**. Deux bagues, argent avec châtons en verres de couleur.

606. – Dessus de tabatière écaille, piqué d'argent, ornements et figures.

607. — Plaque gravée, la République Batave.
— Bracelet en agathes diverses montées en argent.
— Partie d'un coin pour frapper la monnaie.
— Petit bas relief en lave sculptée.

608. **Epoque Louis XVI**. Tabatière en bois sculpté, lion accroupi, couvercle avec armoiries.

TABLEAUX ANCIENS, GOUACHES, ETC.

609. **Ecole Allemande**. Sainte Thècle, vierge et martyre ; très jolie gouache dans la manière de Nilson ; peinte sur le vélin, cadre en cuivre repoussé Epoque Louis XV.

EXPOSITION RÉTROSPECTIVE DE LILLE 1874, Nº 1443.

610. **Art Romain**. Tableau en mosaïque, coupe avec fleurs, cadre en bois sculpté.

611. **Ecole Française**. Epoque Louis XIV. Salomon recevant la reine de Saba ; gouache, cadre en bois sculpté.

612. **Epoque Louis XIV**. Feuille d'éventail, scène tirée de l'Iliade.

613. **Ecole Française**. Epoque Louis XIV. Le bon pasteur; cadre bois sculpté de la même époque.

614. **XVIᵉ siècle**. Lettre ornée, représentant l'Assomption de la Vierge ; cadre en bois sculpté, époque Louis XIV.

615. **Epoque Louis XIV**. Gouache : Sainte Colette ; joli cadre sculpté de l'époque.

616. **Epoque Louis XIII** Deux cadres contenant des miniatures ; lettres ornées, gouaches.

617. **Epoque Louis XIV**. Gouache : la Pentecôte, beau cadre de l'époque Louis XIV.

618. **Epoque Louis XIV**. Gouache : l'art du dessin ; joli cadre en bois sculpté du temps.

619. **XVIe siècle**. Bas relief albatre : Jésus au jardin des Oliviers ; cadre du temps.

620. **XVIe siècle**. Deux bas reliefs albatre : la Pentecote et Jésus au jardin des Oliviers.

TABLEAUX ANCIENS & MODERNES

621. **Ecole des Franck**. XVIIe siècle. Deux tableaux : *Jésus et la Vierge*. Cadres bois sculpté.

622. **Ecole Française**. XVIIIe siècle. *Le bon Pasteur*.

623. **Molenaer**. *Scène de tabagie*. Trois personnages.

624. **Normand d'Amiens**. Deux pendants : *Savant de ville.— Savant de village*.

625 **Epoque Louis XIII**. Gouache. *L'Adoration du Saint-Sacrement*.

626. **Ecole moderne**. *Tête de vieillard et Christ bénissant*.

627. **Van Bloemen**. Deux pendants : *Combats de cavalerie*. Cadres en bois sculpté époque Louis XIV.

628. **Inconnu**. Deux tableaux : *Charettes attelées de cheval et d'âne*.

629. **Ecole Flamande**. Epoque Louis XIV. *Sainte Marguerite*. Cadre bois sculpté.

630. **Van Balen**. *La Vierge, Jésus et saint Jean*. Cadre bois sculpté, époque Louis XIV.

631. **Ecole Flamande**. Deux tableaux : *Aigle fondant sur des oiseaux de basse-cour, — et Canards*.

632. **Bril Paul**. Deux tableaux : *Intérieurs de forêts avec chasse*. Cadres bois sculpté.

633. **Steen** (Genre de). *Dispute au cabaret*. Cadre bois sculpté.

634. **Franck Ambroise**. *Repas*.

635. **Ecole Russe moderne**. *Trois Saints.*

636. **Storck**. *Vaisseaux sur une mer agitée*.

637. **Ecole Italienne**. *Philosophe en réflexion*.

638. **Ecole Française**. XVIII° siècle. *Portrait d'un jeune homme tenant un livre*.

639. **Schut (Corneille)**. *Paysage*. Joli cadre bois sculpté.

640. **Franck (Ambroise)**. *Les Hébreux et le serpent d'airain*.

641 **Dutilleux**. *L'Assomption de la Vierge*. Esquisse.

642. **Saft-Leven**. *Paysage montueux*,

643. **Berlet**. *Le négligé* (Tableau trompe l'œil, d'après Chardin). Joli cadre sculpté, époque Louis XVI.

644. **Mouper**. *Paysage, vue de Souabe*.

645. **Govaerts**. *Vase contenant des fleurs*.

646. **Breughel le Jeune**. *Les mauvais riches*.

647. **Breughel le Jeune**. *Sac d'une ferme*.

648. **Ecole de Bruges**. XV° siècle. *Le Christ cloué sur la Croix*. Tableau des plus curieux pour l'intérêt des costumes; l'un des personnages porte sur sa manche brodée le mot : « V. A D H X O. »

Joli cadre, bois sculpté, époque Louis XIV.

649. **Mireveldt** (École de). *Portrait d'une grande dame* représentée en buste ; costume blanc brodé avec couvre-costume noir à crevés ; la tête entourée d'une fraise ; elle tient dans les mains un collier orné de bijoux, daté 1597.

Cadre bois sculpté.

650. **Normand.** *Chat guettant des oiseaux.*

651. **Ecole Russe.** Sujets religieux : *Jardin des Oliviers et le prophète Elie.*

Exposition rétrospective de Lille 1874, n° 2773.

652. **Ecole Française.** Epoque Louis XVI. Quatre tableaux représentant : *L'intérieur d'une ferme ; La moisson ; L'extraction de la tourbe ; Le travail du lin.*

653. **Duvieux.** *Paysage oriental.*

654. **Dutilleux.** *La source du Gy à Duisans.*

655. **Ecole Flamande.** Epoque Louis XIV. *La mise au tombeau.*

656. **Stry. J. V.** *Pâturage.* Cadre en bois sculpté.

657. **Dietrich.** *Paysage sur les bords du Rhin.*

658. **Wagner.** *Paysage, vue des bords de la Meuse.*

659. **Téniers** (École de). *Fête de village avec saltimbanques,* nombreux personnages.

660. **Lancret** (D'après). *Le colin-maillard.* Cadre bois sculpté.

661. **Rugendas.** Ecole Allemande. *Animaux de basse-cour et chasseur.* Cadre bois sculpté.

662. **Winckenbooms.** *Paysage, vue des bords du Rhin.*

663. **Swagers.** *Bords d'un fleuve en Hollande.*

664. **Dow (Gérard)** (D'après). *La femme hydropique.*

665. **Budelot Philippe**. *Forêt de Fontainebleau ; relais de chasse.* (Figures peintes par Demay).

666. **Ecole Espagnole**. XVIIe siècle. *La Vierge noire* (1). Autour de la Vierge sont représentées les diverses scènes de son histoire et de sa translation.

EXPOSITION RÉTROSPECTIVE DE LILLE 1874, N° 2855.

667. **Watteau** (D'après). Deux pendants : *La Danse* et *Le Repas.*

668. **Watteau** (D'après). Deux pendants : *Le Voyage à Cythère* et *La Fête Italienne.*

669. **Berghem** (D'après). *Bergères à la fontaine.* Provenant de la collection d'Egmont.

670. **Flandin Eugène**, 1835. *Bords de rivière.*

671. **Franck François**. *L'adoration des Mages.*

672. **Dutillieux**. *Vue des bords de la Scarpe.*

673. **Franck Floris** (De Vriendt). Important triptyque représentant *le Jugement dernier* : il représente sur ses volets les portraïts des donateurs.

Le panneau central représente Jésus dans sa gloire ; au-dessous les archanges font choix des bons et des mauvais ; au bas de la composition, les mauvais semblent déjà ressentir les tortures de l'enfer.

Le volet de gauche représente l'enfer avec portes de prison et animaux fantastiques.

Le volet opposé représente les élus.

L'extérieur du triptyque étant fermé, sont peints dessus des figures dans lesquelles nous croyons reconnaître Mars et Bellone. A leurs pieds sont les armoiries, ou de l'abbaye à laquelle ce tableau était destiné ou des donateurs.

Panneau central	Hauteur : 1^m35.
	Largeur : 0^m92.
Volets	Hauteur : 1^m35.
	Largeur : 0^m46.

---

(1) NOTA. — Tableau fait pour les Jésuites.

OBJETS DIVERS

674. **Ecole moderne.** *Cygnes*, peinture sur émail cuit au grand feu.

675. **Ivoire.** *La Crucifixion*, bas-relief, époque Louis XIV. Cadre ébène.

EXPOSITION RÉTROSPECTIVE DE LILLE 1874, N° 2101.

676. **Ivoire.** Bas-relief, forme cintrée. *Portrait équestre d'un Seigneur portant un faucon sur le poing*.

677. **Céramique moderne.** *Tête de jeune fille coiffée d'un bonnet* (Terre émaillée cuite au grand feu).

678. **Marbre.** Epoque Louis XIV. Médaillon *César*.

(Largeur : 0,28. Hauteur : 0,22).

679. **XVIe siècle.** Plaque en fer gravé damasquiné d'or et d'argent, provenant de la porte extérieure d'un cabinet et représentant : *monuments et vue de ville au bord d'un cours d'eau*.

Largeur : 0m41. Hauteur : 0m275.

680. **XVIe siècle.** Plaque en fer gravé damasquiné d'or et d'argent, représentant une *vue de ville entourée d'eau avec pont traversant les douves*. Provenant de la porte extérieure d'un cabinet.

681. **Epoque Louis XIV.** Grande plaque en cuivre repoussé, argentée, représentant *la Nativité*, d'après Charles Lebrun.

Cadre ancien en cuivre guilloché.
EXPOSITION RÉTROSPECTIVE DE LILLE 1874, N° 1817.

682. **Fabrique d'Anvers.** 1° Grand plat en cuivre repoussé, *tête de Henri IV*.

2° Aiguière et son plateau en cuivre rouge, style renaissance.

683. **Epoque Louis XIV**. Deux plaques appliques avec profils d'homme et de femme, cuivre jaune repoussé, ornementations, datées 1641.

684. **Epoque Louis XV**. Quatre couteaux, manches en porcelaine pâte tendre de Chantilly, décors chinois.

— Cinq couteaux, manches en porcelaine, pâte tendre de Tournai.

— Deux couteaux et deux fourchettes, manches en porcelaine, pâte tendre de Tournai, fleurs polychromes et or.

— Quatre couteaux, manches en porcelaine, pâte tendre, fabrique de Mennecy.

Saxe moderne. Trois couteaux, décor sujets Lancret, bords roses.

— Douze couteaux, décor sujets Lancret, à écailles vertes.

Epoque Louis XIV. Douze couteaux et douze fourchettes, manches en nacre gravée, montures en bronze ciselé et doré. Contenus dans un écrin du temps en peau de chagrin.

BRONZES

685. **Epoque Louis XV**. Grand cartel rocaille bronze doré, entouré de guirlandes de roses et de tournesols.

Très belle qualité. (Hauteur : 0m90).
Mouvement de Pérache à Paris.
Signé : *Saint-Germain*.

686. **Médailliers**. Deux cadres contenant quatre-vingt médailles de personnages célèbres.

— Petit vase granit.

— Statuette chinoise en pierre de Lard.

687. **XVIe siècle.** Deux statuettes bronze doré : *Moïse et Saint Firmin évêque.*

688. **Bronze 1er empire.** *L'enfant à l'oie.*

689. **Art chinois ancien.** Deux statuettes, divinités. *Boudha et Christmas.*

690. **XVIe siècle.** Encensoir en bronze.

691. **Bronze.** Deux statuettes d'enfants, *l'Eté* et *l'Automne.*

692. **Statuette.** *L'oracle des champs.*

693. **Clodion** (D'après), *Bacchantes poursuivies par des amours* (Deux pendants).
(Hauteur : 0^m40).

693 *bis.* **L. Lévêque.** *Groupe de bacchantes.*
(Hauteur : 0^m58).

694. **Delabrière.** *Pélican et grenouille.*

695. **XVIe siècle.** Mortier en bronze avec zones d'ornements et inscription, daté 1552.

696. **XVIe siècle** *Statue équestre de Marc-Aurèle.*

697. **XVIe siècle.** *Nymphe nue sur un taureau.*

698. **XVIe siècle.** Seau à eau bénite.

699. **Delabrière.** *Cigogne tenant un serpent.*

700. **Marie d'Orléans.** Statuette, *Jeanne d'Arc.*

701. **XVIe siècle.** Trois cuillères à encens.

702. **Epoque Louis XV.** Chaufferette cuivre jaune, gravée et datée 1729.

703. **Epoque gothique.** Deux flambeaux, dont un avec têtes de chiens.

704. **Epoque empire**. Paire d'appliques à deux lumières, ciselées et dorées.

705. **Style Louis XIV**. Paire flambeaux bronze.

706. **Epoque Louis XIV**. Paire flambeaux balustres
triangulaires.

707. **Bronze**. Paire de flambeaux argentés.
— Autre paire dorés avec des lys.

708. **Epoque Louis XVI**. Paire de flambeaux, modèle
à balustre.

709. **Porte-mouchettes** (Deux), dont une paire en fer
ouvré.

710. **Groupe bronze**. *Le rapt de la chrétienne*.

711. **Groupe**. *Chien attaquant un renard*.

712. **Lot** se composant de : Une hache gauloise, une
croix de chapelet, deux branches d'applique,
pique de la première république portant le
nom : *Citoyen Jax 1793*.

713. **Style pompéïen**. Une lampe.

714. **Epoque Louis XVI**. Paire de flambeaux argentés.

715. **Antique romain**. *Amour debout*.

716. **Epoque 1er empire**. Paire de petits vases avec
leurs consoles.

717. **Fonte de fer**. *Petit buste de Henri IV*, d'après
Prieur.

718. **Epoque Louis XIII**. Serrure en fer ouvré et
gravé, avec clef, anneau à dauphins.

719. **Epoque Louis XV**. Ecusson en cuivre repoussé
aux armes des Dauphins de France.

720. **Epoque Louis XV**. Bassinoire en cuivre rouge,
gravé, croate.

721 et 722. **Epoque Louis XVI**. Soupière, deux assiettes et deux plats en étain.

ARMES

723. XVIᵉ siècle. Hache saxonne, la hampe en noyer avec incrustations d'ivoire gravé, figures et armes de Saxe.

Le fer de la hache orné des insignes de la Sainte-Wheme.

724. XVIᵉ siècle. Pistolet de cavalerie à rouet, en noyer, avec incrustations d'ivoire gravé ; le panneau orné d'une armoirie.

725. Grand fusil albanais batterie à pierre, garni d'argent gravé ; le bois du fusil avec incrustations d'argent ; les manchons et les capucines en argent repoussé et ciselé.

726. Fusil albanais, analogue au précédent.

727. Fusils. L'un de l'époque de Louis-Philippe, canon en damas.

L'autre, fusil de troupe, époque de la Restauration.

728. Lot de quatre pièces : 1° Epoque Louis XV. Epée, poignée et garde en acier ouvré et ciselé ; la lame gravée.

2° Deux viretons.

3° Deux briquets Louis XV.

4° Pointe de javelot en bronze.

729. Couteau de chasse. Poignée en corne, garnie en cuivre gravé et ciselé.

730. Sabre et Casque de Prussien, 18° Régiment de la Landwhert, guerre de 1870.

731. Deux espontons complets, l'un aux armes de Savoie, l'autre aux armes de France.

732. 1ᵉʳ Empire. Sabre de soldat du génie, poignée à tête d'aigle.

733. Violon, signé : *Grand Gérard*.

734. **Cor de chasse**.

735. **Poire à poudre**. Corne.

SCULPTURES

736. **Albâtre**. *Les trois Grâces*, d'après Canova.

737. **Albâtre**. *Enlèvement de la Sabine*, d'après Jean de Bologne.

738. **Albâtre**. *L'Apollon du Belvédère*, d'après l'antique.

739. **Albâtre**. *Jésus endormi sur la Croix*.

740. **Delaville de Lens**. *Charbonnier sur un âne et sa femme également sur un âne, se disputant* (Deux pendants, signés et datés de 1816).

741. **Blot**. *Pêcheuse de crevettes*.

742. **Graillon**. *Pêcheurs de Dieppe*.

743. **Albâtre**. XVIIe siècle. *Pieta*, signée et datée en dessous : M C C X I.

EXPOSITION RÉTROSPECTIVE DE LILLE EN 1874, n° 2022.

744. **XVIIIe siècle**. *Saint Marc*, statuette bois sculpté et doré.

EXPOSITION RÉTROSPECTIVE DE LILLE EN 1874, N° 2223.

745. **Epoque du Directoire**. *Merveilleuse*, statuette sculptée et peinte.

746. **Epoque Louis XIV**. Buis ; *la Vierge tenant l'Enfant* ; sur un socle de chêne.

747. **Epoque Louis XIV**. Buis ; *Christ à la colonne*.

EXPOSITION RÉTROSPECTIVE DE LILLE EN 1874, N° 2043.

748. **XVIe siècle**. Chêne ; *groupe de marchands* (Reste de polychromie et dorure). Costumes curieux.

749. **Epoque Louis XIII**. Chêne sculpté ; *l'Assomption de la Vierge* (1).
Exposition rétrospective de Lille en 1874, nº 1986.

750. **XVIᵉ siècle**. Chêne sculpté ; *Dieu le Père bénissant.*

751. **XVIᵉ siècle**. Chêne sculpté ; autre représentant
Dieu le Père coiffé d'une tiare.

752. **XVIᵉ siècle**. Chêne sculpté ; *Sainte Elisabeth de
Hongrie.*

753 et 754. **XVIᵉ siècle**. Chêne sculpté ; *Saint Paul et
saint Jean.*

755. **Epoque Louis XIV**. Niche en forme de portique,
en noyer noirci.

756. **Epoque Louis XIII** Chêne sculpté ; deux cariatides, appliques, représentant *les emblèmes
de la foi.*

757. **Epoque Louis XIV**. Chêne sculpté ; bas-relief
concave, *le Baptême du Christ.*

758. **Epoque Louis XIV**. Chêne sculpté ; *la Vierge
aux raisins.*
Exposition rétrospective de Lille en 1874, nº 1931.

759. **Epoque Louis XIV**. Chêne sculpté ; tabernacle.

760. **Epoque Louis XIII**. Chêne sculpté ; bas-relief,
paysage, avec sujet : *la Visitation*

761. **Epoque Louis XIII**. Chêne sculpté, polychromé,
ainsi que l'encadrement : « *Laissez venir à moi
les petits enfants.* »
Très beau bas-relief avec sa polychromie ancienne ; en bel
état de conservation.

762. **Epoque Louis XIV**. Chêne sculpté ; *la Résur-
rection.*
Joli groupe.
Exposition rétrospective de Lille en 1874, nº 1941.

---

(1) Nota — Ce groupe de 14 personnages est la reproduction d'un
des groupes qui ornent la Cathédrale d'Amiens Travail ancien.

763. Epoque Louis XIV. Chêne sculpté ; deux statuettes : *Anges, genoux en terre.*

Provenant d'un Calvaire.

764. Epoque Louis XIV. Chêne sculpté ; *Gloire de chérubins*, avec le chiffre de Dieu (*Jéhova*) rayonnant.

Très belle qualité et en bon état de conservation.

765. Epoque Louis XIV. Bas-relief ; *L'Immaculée-Conception de la Vierge*, représentée entourée d'attributs divers.

EXPOSITION RÉTROSPECTIVE DE LILLE EN 1874, N° 2036.

766. XVI° siècle. Chêne sculpté ; quatre panneaux représentant *les Evangélistes.*

767. XVI° siècle. Chêne sculpté ; deux frises verticales, ornées de profils et d'animaux chimériques.

768. XV° et XVI° siècles. Chêne sculpté ; panneau gothique flamboyant et deux panneaux ajourés.

769. Epoque Louis XIV. Chêne sculpté ; deux panneaux carrés : *la Vierge et Jésus* ; en buste

770. Epoque Louis XIV. Chêne sculpté ; panneau encadré, cintré au sommet, représentant *la Foi.*

771. Epoque Louis XIV. Chêne sculpté ; deux consoles, volutes à feuilles d'acanthe.

772. Epoque Louis XIII. Chêne sculpté ; deux bas-reliefs, anciens sommets d'autels ; ornements et anges en adoration.

Au milieu deux tableaux sur cuivre, école des Franck, représentant *la Nativité et Jésus au Jardin des Oliviers.*
EXPOSITION RÉTROSPECTIVE DE LILLE EN 1874, N°ˢ 1947-1948.

773. Epoque Louis XIV. Chêne sculpté ; *Gloire de chérubins*, entourée de rayons.

774. **Epoque Louis XIV**. Cèdre sculpté et doré ; bas
relief représentant *l'Adoration de l'Eucha-
ristie.*

La tradition dit que ce bas-relief vient de l'abbaye de Ju-
mièges.

EXPOSITION RÉTROSPECTIVE DE LILLE EN 1874, N° 1923.

MEUBLES ANCIENS

775. **Epoque Louis XIV**. Chêne sculpté. Grand meuble à quatre portes et deux tiroirs ; les portes
ornées des figures allégoriques de la Force,
la Justice, la Foi et la Vérité. La frise à rinceaux est ornée de deux anges supportant la
couronne de France.

Beau meuble ; bel état de conservation.
(Hauteur : 2ᵐ15. Largeur : 1ᵐ60).

776. **Epoque Louis XIV**. Chêne sculpté. Meuble analogue au précédent. La frise à rinceaux ornée
de têtes d'anges.

(Hauteur : 2ᵐ10. Largeur : 1ᵐ55).

777. **Epoque Louis XIII**. Chêne sculpté. Meuble à
deux corps ; la partie supérieure a deux portes ornées de rinceaux, sphinx et aigles ainsi
que les profils de Jésus et de la Vierge. La
frise ornée d'un masque de chérubin et de deux
aigles.

Le corps inférieur a trois tiroirs ornés de
masques. Les portes sont ornées de rinceaux
encadrant un médaillon ovale où sont repré-
sentés saint Benoist et saint Nicolas.

(Hauteur : 2ᵐ15. Largeur, corps inférieur : 1ᵐ50).

778. **Epoque Louis XVI**. Chêne sculpté peint gris.
Console, demi-lune avec ceinture à piastres,
guirlande de laurier, pieds cannelés, fuselés,

reliés par une entretoise surmontée d'un vase à guirlande de laurier (Hauteur : 0ᵐ98). Marbre turquin.

779. Epoque Louis XV. Chêne sculpté. Deux consoles à accrocher, pieds en S et ceintures chargées d'ornements rocaille.

Marbre blanc et marbre noir.
(Hauteur : 0ᵐ55).

780 Epoque Louis XV. Tilleul sculpté. Deux appliques sculptées et ajourées ; ornements rocaille, guirlande de fleurs et coquilles (Deux pendants).

781. XVIᵉ siècle. Chêne sculpté. Petit coffre, à panneaux et frise ornés d'arabesques.

782. XVᵉ siècle. Chêne sculpté. Petit coffre à arceaux gothiques : *l'Agneau pascal*.

783. XVIᵉ siècle. Chêne sculpté. Petit coffre, sujet représentant *l'Annonciation*.

784. XVIᵉ siècle. Chêne sculpté. Meuble d'appui orné de cariatides.

785. Epoque Louis XVI. Grand bureau ; la partie supérieure a deux portes ornées de marqueterie de bois de couleurs et nacre ; vases de fleurs, oiseaux, perroquets et lions néerlandais. Le bureau a l'intérieur orné de nombreux tiroirs de forme contournée, marquetés de fleurs.

L'abattant est marqueté de bois de couleurs, vases de fleurs, bouquets, oiseaux, enfants, cornes d'abondance et rinceaux.

La partie inférieure a trois tiroirs décorés de même, ainsi que les côtés du meuble.

(Hauteur : 2,40. Largeur : 1,15).

786. **Epoque Louis XV**. Vitrine,décor et travail analogues au numéro précédent.

Les portes inférieures sont ornées de vases avec supports ornés d'enfants.
(Hauteur : 2,40. Largeur : 1,65).

787. **Epoque Louis XVI**. Commode de travail analogue au numéro précédent.

788. **Epoque Louis XV**. Torchère. Le plateau et le trépied en marqueterie de bois de couleurs.

789. **Epoque Louis XVI**. Coffret à un tiroir, travail analogue aux numéros précédents.

790. **Epoque Louis XVI**. Guéridon ovale à piétement carré, travail analogue aux numéros précédents.

791. **Boulle** (Style de). Deux meubles d'appui, marqueterie de cuivre et d'écail, bronzes vernis.

792. **Boulle** (Style de). Cave à liqueurs, avec carafons et douze verres dorés.

793. **Boulle** (Style de). Guéridon ovale, marqueterie de cuivre et écaille.

794. **Epoque Louis XV**. Encoignure forme contournée, en bois rose, marqueterie de fleurs ; marbre noir du Languedoc.

795. **Epoque Louis XVI**. Petite commode à ressaut, angles ronds, bois rose de placage, à filets de bois couleurs et d'amaranthe ; marbre, brêche d'Alep.

796 **Epoque Louis XIV**. Chêne à moulures. Caisse d'horloge avec mouvement à poids.

797. **Tabouret pouff**. Recouvert en gros de Tours lamé d'argent.

798. **Cadre ébène**, avec bref daté de 1846.

799. **Glace** moderne, style Louis XVI, dorée.

800. **Epoque Louis XVI.** Petit miroir, cadre bois sculpté et doré.

801. **Epoque Louis XIV.** Miroir avec cadre cintré, bois sculpté et doré.

802. **Epoque Louis XIV.** Miroir avec cadre bois sculpté et doré.

803. **Epoque Louis-Philippe.** Garniture de cheminée, modèle de Cavelier, représentant *Louis XIV et La Valière.*

> Le socle et les candélabres sont ornés d'amours.
> Bien ciselée, dorée au mercure. Bel état de conservation.

804. **Epoque Louis-Philippe.** Candélabre à trois lumières, bronze verni.

805. **Style Louis XVI.** Petit cartel, bronze ciselé et verni.

806. **Six chaises volantes,** recouvertes en damas de soie Louis XV.

TAPISSERIES ANCIENNES

807. **XVIᵉ siècle.** Tapisserie lombarde représentant : *Salomon recevant la Reine de Saba.*

> Très belle bordure fond blanc, groupes de fruits, vases et personnages.
> (Hauteur : 2,65. Largeur : 3,10).

808. **Epoque Louis XIV.** Verdure d'Aubusson.

> (Hauteur : 2,40. Largeur : 3,90).

GUIPURES ANCIENNES

809. **XVIe siècle.** Nappe, guipure de Milan, composée de carrés à fleurs entourés de fil tiré.

810. **XVIe siècle.** Nappe d'autel, guipure de Milan, composée de carrés à fleurs et autres avec animaux, encadrés de fil tiré.

811. **XVIe siècle.** Nappe d'autel, guipure de Milan, composée de carrés à fleurs et oiseaux, encadrés de fil tiré.

812. **XVIe siècle.** Nappe, guipure de Milan, composée de carrés de guipure à fleurs, arabesques, animaux et personnages alternés avec des carrés en fil tiré à rosaces.

813. **XVIe siècle.** Grande nappe guipure de Venise, entourée de fil tiré. Très belle bordure.

OBJETS PRÉHISTORIQUES
GALLO-ROMAINS & AUTRES

814.   8 lampes en terre cuite.

50 pièces environ, romaines et gallo-romaines.

Lot d'armes et débris de bronze gallo-romains.

815. Sous ce numéro sont compris les objets divers, considérés comme ne méritant pas désignation.

Arras. — Imp. Schoutheer Frères, rue des Trois-Visages. 53.